缤纷以色列

主 编 孟振华 副主编 胡 浩 艾仁贵

以色列基础教育

钟涵蕾 著

南京大学出版社

图书在版编目（CIP）数据

以色列基础教育 / 钟涵蕾著 . -- 南京：南京大学
出版社，2025.1
　（缤纷以色列 / 孟振华主编）
　ISBN 978-7-305-25319-5

　Ⅰ . ①以… Ⅱ . ①钟… Ⅲ . ①基础教育 – 概况 – 以色
列 Ⅳ . ① G639.382

中国版本图书馆 CIP 数据核字（2022）第 001358 号

出 版 者　南京大学出版社
社　　址　南京市汉口路22号　　邮　编　210093

丛 书 名　缤纷以色列
丛书主编　孟振华
书　　名　**以色列基础教育**
　　　　　YISELIE JICHU JIAOYU
著　　者　钟涵蕾
责任编辑　田　甜　　编辑热线　025-83593947

照　　排　南京新华丰制版有限公司
印　　刷　南京爱德印刷有限公司
开　　本　880mm×1230mm　1/32　印张3.5　字数116千
版　　次　2025年1月第1版　2025年1月第1次印刷
ISBN　978-7-305-25319-5
定　　价　40.00元

网址：http://www.njupco.com
官方微博：http://weibo.com/njupco
官方微信号：njupress
销售咨询热线：（025）83594756

总　序

　　以色列国是一个充满奇迹的地方。早在两千多年前，犹太人的祖先就在这里孕育出深邃的思想，写下了不朽的经典，创造了璀璨的文明，影响了整个西方世界。在经历了两千年漫长的流散之后，犹太人又回到故土，建立起一个崭新的现代国家。他们不仅复兴了民族的语言和文化传统，更以积极的态度参与和引领着现代化的潮流，在诸多领域都取得了足以傲视全球的骄人成绩。

　　中犹两个民族具有诸多共同点，历史上便曾结下深厚的友谊。中国和以色列建交已30年，两国人民之间的交往也日益密切和频繁，各个领域的合作前景乐观而广阔。赴以色列学习、工作或旅行的中国人越来越多，他们或流连于其旖旎的自然风光，或醉心于其深厚的文化底蕴，或折服于其发达的科技成就。近年来中文世界关于以色列的书籍和网络资讯更是层出不穷，大大拓宽了人们的视野。

　　不过，对于很多中国人来说，这个位于亚洲大陆另一端的小国仍然是神秘而陌生的。即使是去过以色列，或与其国民打过不少交道的人，所了解的往往也只是一些碎片信息，不同的人对于同一问题的印象和看法常常会大相径庭。以色列位于东西方交汇点的特殊位置和犹太人流散世界各地的经历为这个国家带来了显著的多元性，而它充沛的活力又使得整个国家始终处在动态的发展之中。因此，恐怕很难用简单的语言和图片准确地勾勒以色列的全景。尽管如此，若我们搜集到足够丰富的碎片信息，并能加以综合，往往便会获得新的发现——这正如转动万花筒，当碎片发生新的组合时，就会产生无穷的新图案和新花样，而我们就将看到一个更加缤纷多彩的以色列。

作为中国高校中率先成立的犹太和以色列研究机构，南京大学犹太和以色列研究所携手南京大学出版社，特地组织和邀请了多位作者，共同编写这套题为《缤纷以色列》的丛书，作为中以建交 30 周年的献礼。丛书的作者中既有专研犹太问题的顶尖学者，也有与以色列交流多年的业界精英；既有成名多年的资深教授，也有前途无量的青年才俊。每位作者选择自己熟悉和感兴趣的专题撰写文稿，并配上与内容相关的图片，用图文并茂的形式呈现给读者，力求做到内容准确，通俗易懂，深入浅出，简明实用。也许，每本书都只能提供几块关于以色列的碎片，但当我们在这套丛书内外积累了足够多的碎片，再归纳和总结的时候，就算仍然难以勾勒这个国家的全景，也一定会发现一个崭新的世界。

孟振华

2021 年 3 月谨识

前　言

> "教养孩童，使他走当行的道，就是到老他也不偏离。"
>
> （箴言 22:6）

　　1948 年 5 月 14 日，以色列国宣布建立，犹太人长久以来的愿望终于实现。这是一个相对来说比较年轻的国家，建国后也仍面临着来自周边国家的压力和冲突，但以色列突出重围，在贫瘠的自然条件和危机四伏的环境中一跃成为中东唯一的发达国家，在许多领域都有着优秀的表现。

　　经济方面，以色列的 GDP 保持着高速度增长。2023 年，以色列 GDP 为 5099.01 亿美元，较之于 1960 年的 25.99 亿美元，平均年增长率达到 8.89%。2023 年，以色列人均国内生产总值达到 5.55 万美元，位列世界第 12 位，亚洲第 3 位，已超过英国、法国、日本等世界经济强国。[①] 科技方面，以色列科研人员占全国人口的 6%，每万人中有 135 个科学家和工程师，比例居

---

① 数据来源：国际货币基金组织，The World Economic Outlook database: April 2023, https://www.imf.org/en/Publications/WEO/weo-database/2023/April。

世界第一。以色列还是世界上人均拥有律师和注册会计师最多的国家。[①] 以色列对于科研经费的投入、创新科技的投资无人能及，多项科技指标位居全球第一，有近 4000 家高科技公司，高科技员工在全体员工中的比例为 9.5%，均位列世界第一；有 400 多家跨国公司研发中心，平均每 2000 人中就有 1 人创业、每 8 小时就有一家创业企业诞生，创新氛围十分浓厚。军事方面，在建国之初，以色列的军备十分有限，国防军事工业更可以说是一片空白，但经过短短 70 余年，目前已经在导弹、无人侦察机等军工生产中占据了重要地位。以色列还是一个现代化的农业发达国家，以出色的滴灌技术高效地利用了有限的耕地和水资源，灌溉水平均利用率达到 90%，并且还开发出了独特的播种技术和遥遥领先的无土栽培技术、生物杀虫技术、温室控制技术等等，被全球多个国家使用。

"国家要领先，关键靠人才。"以色列这些成就的取得离不开其实行的教育制度。而基础教育阶段又是人才培养的关键时期，可以说是以色列教育成就的基石。得益于犹太民族崇尚知识、重视教育的优良传统，建国之前的巴勒斯坦地区就有着种类繁多的学校，以色列建国后，以色列政府各个部门都在为教育振兴竭尽全力，建立起了完备的基础教育体系，囊括了学前教育、初等教育和中等教育各阶段，更是把义务教育年限从 3 岁覆盖到高中。对于复杂多元的社会现实，以色列也通过不断的探索和调试，克服阻碍教育发展的制约因素，发展出类型

---

① 商务部国际贸易经济合作研究院、中国驻以色列国大使馆经济商务处、商务部对外投资和经济合作司：《对外投资合作国别（地区）指南：以色列》（2021 年版），p6。http://www.mofcom.gov.cn/dl/gbdqzn/upload/yiselie.pdf。

多样的学校，使之适用于以色列多元社会中的各个群体，推动教育健康有序地发展，为以色列经济社会的腾飞奠定了坚实的人才基础。

　　本书将从犹太教育传统、基础教育发展历程、现行基础教育体制等方面入手，对以色列基础教育作一个简要的介绍，从中窥探基础教育在塑造以色列公民身份认同、传承犹太历史传统、适应多元社会特性等方面的作用，以期读者对以色列有更多的了解，掀起这个国家神秘面纱的一角。

目 录

犹太教育传统

　　犹太人尊重知识、注重教育的传统由来已久。早在公元前三、四世纪时，犹太人就形成了自为一体、独具特色的教育理念，建立了自己的教育体系。即使是在流散时期，面对艰难的生存环境，犹太人也始终把教育视为一种至高无上的神圣事业，注重提高自身的文化素养。数千年来，犹太人尊师重教的优良传统代代传承，留下了不少趣闻轶事。

　　"书比蜂蜜更甜美。"每到世界读书日，我们都能看到一系列证明犹太人酷爱读书的证据。书在犹太人的生活中属于高洁之物，他们珍视书本，书橱只能放在床头而不能放在床尾，给孩子的礼物里也总能看到各类书籍。据说，犹太人有一种传统风俗：在孩子稍懂事的时候，大人会翻开一本犹太经典，滴上一点蜂蜜，让孩子去舔，从而给孩子留下"书本是甜蜜的"这一印象，以此来鼓励孩子多多阅读。另一种说法是，当孩子们进入学校开始学习希伯来语时，通常会得到一块干净的石板，上面有用蜂蜜写成的希伯来字母和简单的句子，孩子们一边学习诵读希伯来字母，一边舔掉石板上的蜂蜜。之后，老师会给他们分发蜜糕、苹果和核桃。这些举动都是为了要让孩子们知道，学习知识是甜蜜的。[1]

---

① 　陈腾华：《为了一个民族的中兴：以色列教育概览》，上海：华东师范大学出版社，2005 年，第 19 页。

　　"教师比国王更伟大。"《塔木德》中记载着这样一个故事：三位拉比来到一座小城检查教育情况，他们对小城的居民说，"把守护你们这个城市的人找来"。于是，小城的居民把军队的士兵带来了，但是拉比们却说，"这些人不是城市的守护者，而是城市的破坏者"。居民们大为不解，他们问拉比，究竟谁才是城市的守护者。拉比们回答说："城市的守护者是教师啊！"为什么呢？因为教师这一事业真正关系到整个民族的未来。所以，犹太经典告诫人们："惧怕你们的师长，就像惧怕上天一样。"①犹太经典《密西拿》②中把有学问的教师称为"圣贤的门徒"，犹太人对他们极为尊重，并且明文规定，凡是侮辱了"圣贤的门徒"的人必须处以罚金，情节严重者还有可能被逐出犹太群体。在犹太人眼中，教师这一职业极受重视和尊重，地位甚至高于父母，"每一个人要像尊重上帝那样尊重教师"。因为父母只是把孩子带到世界上，而教师却能把孩子带到未来的世界。犹太人中还长期流传着这样一个故事：有一个孩子，他的父亲和老师同时被海盗绑架而去，必须以巨额的财产才能赎回他们的生命。当时，孩子所拥有的所有钱财只能赎回一个人，这位孩子的选择是先从海盗手中救出他的老师。③

　　"知识比财富更有价值。"纵观犹太民族的历史，特殊的民族经历把犹太人塑造成一个教育型的民族。数千年前，当进入大流散时期的犹太民族面临着财产、生命都被掠夺的危险时，他们把知识看作随身携带的宝库，灵活地运用知识来谋求生存。在孩童时期，犹太父母就会教导孩子，知识是比其他任何财富都重要的东西。母亲问孩子们："如果有一天，你的房子被烧毁了，你的许多财产也被抢走了，那你要带着什么东西逃跑呢？"一开始孩子们可能会给出"钱""钻石"

① 肖宪、张宝昆：《教育立足的民族和国家——犹太人和以色列》，昆明：云南大学出版社，2005年，第22页。
② 犹太人的信仰核心是律法，一般认为，犹太律法可以分为成文律法和口传律法两部分。成文律法即《托拉》，也就是《希伯来圣经》的前五卷；口传律法指的是对成文律法的口头解释，在公元3世纪时被搜集整理为《密西拿》（也有的译为《密释纳》），公元5世纪末又将对其进行的诠释和评注编为《革马拉》，两者合称为《塔木德》。《塔木德》是犹太教中仅次于《希伯来圣经》的重要宗教经典。
③ 张倩红、张少华：《犹太人千年史》，北京：北京大学出版社，2016年，第109—110页。

这样的答案。母亲就进一步问："你可以带走一样无色、无味、无形的东西呀，你知道是什么吗？"没错，这就是一个人的知识和智慧，是其他人无论用什么办法都不能从你身上抢走的财富，只要你活着，它们就会一直伴你左右，这样的观念从小就根植在犹太孩童的心中。犹太人中还流传着这样一句话："富翁与学者谁更伟大？当然是学者，学者知道金钱的价值，而富翁却常常不知道知识的价值。"

所以，当犹太民族踏上逃亡之路时，他们能够凭借着自己的知识和智慧在新的地点快速站稳脚跟，恢复生机，让犹太民族得以存续，从这个意义上来说，教育对于维持犹太民族的延续性至关重要。

重视家庭教育

在"巴比伦之囚"发生之前，犹太人主要生活在本民族之中，这时期的教育以家庭教育为主。[①]犹太民族重视家庭教育的传统可以说是由来已久。犹太父母担负的主要责任是培养孩子作为以色列这个群体的成员去生活，目标是要把他们锤炼成延绵不断的链条中牢不可破的环节，从而使先辈们留下来的宗教遗产得以完好无损地传给后代。[②]犹太教经典中就强调，要通过教育子女来传承宗教律法："这是耶和华你们神所吩咐教训你们的诫命、律例、典章，使你们在所要过去得为业的地上遵行，好叫你和你子子孙孙一生敬畏耶和华你的神，谨守他的一切律例、诫命，就是我所吩咐你的，使你的日子得以长久"（申6:1-2），"我今日所吩咐你的话，都要记在心上，也要殷勤教训你的儿女，无论你坐在家里，行在路上，躺下，起来，都要谈论"（申6:6-7）。犹太人十分重视这条律令，每天早晚的祷告词中都包含了这一条。《塔木德》中也有多处提及父母教养子女的责任的重要性，比如说，"用《托拉》抚养孩子的人能享用今世的果实，同时把资本留到来世""有儿攻读《托拉》者恰似永生"。

---

① 吴若楠：《以色列学前教育研究》，西北大学硕士学位论文，2018年，第14页。
② 亚伯拉罕·柯恩（Abraham Cohen）：《大众塔木德》，盖逊译，傅有德校，济南：山东大学出版社，1998年，第196页。

在流散之中，家庭无疑是最小、最稳固的社会单元，孩子的教育、节期的遵守和每日的祈祷，都是以家庭为主要活动场所。因此，即使在正规的学校和教师出现以后，家庭教育仍然是犹太人最基本、最稳定的教育实践。犹太人认为，"世界只为了学童们的呼吸而持久存在""学童们决不能忽视他们的学业，即便是为了建筑神庙也不行""没有学童的城市终将衰败"。所以，承担教育子女的责任对每一位父母来说都相当重要。在家庭中，父亲通常被认为是神委派给孩子的第一位老师。按照犹太人的传统，父亲应该把自己的技能传授给孩子，以保证他们将来可以成家立业。母亲对教育也责无旁贷，无论工作多么重要，她们也不能放弃对孩子的抚养和教育。有一位犹太教育家就认为，一个母亲对孩子的影响抵得上一百个学校的老师。

正因为有家庭教育的优良传统，犹太民族非常重视孩子的早期教育。孩童从婴儿时期，甚至更早就开始接受教育。世界上第一所胎教大学就是在犹太家庭中诞生的。这所胎教大学于 1968 年由一位名叫雅伯尼的妇产科专家创办，主要对腹中的胎儿进行教育，课程有语言、音乐、体育等。而家庭教育的内容，除了前面提到的犹太教律法，还包括对孩子的道德品行和良好习惯的培养。比如说，教育孩子把学习作为第一美德。再比如说，父母从小就会给孩子们分配家务，并给他们讲授劳动技巧，培养他们的劳动意识，养成热爱劳动的品德。

在家庭教育中，犹太人特别注意尊重孩子的情感和心理需要。在很多犹太家庭，孩子很小就可以与成人平等地谈话和讨论问题。他们注重思维能力的培养，把仅有知识而没有才能的人比喻为"背着很多书本的驴子"。在他们看来，一般的学习只是一种模仿，缺乏创新，真正的学习应该以思考为基础，敢于怀疑，随时发问，这样才能锻炼出才能。因此，他们为孩子创造游戏的条件和快乐的生活氛围，提高孩子对多种事物的感受能力，让他们在感受中学会思考，学会怀疑，学会创新。[1]

---

[1] 何艳娜：《诺贝尔科学奖中的"犹太现象"》，郑州大学硕士学位论文，2011 年。

学校教育的兴起

"巴比伦之囚"以后，犹太人逐渐形成了以会堂为中心的犹太学校。后来，学校逐渐脱离会堂成为独立的教育场所。流散时期的犹太人极为注重学校教育，在每一处站稳脚跟后，就会立即创办学校，使学校与会堂一样成为犹太社团存在的标志。[①] 学校教育的起源众说纷纭。有人把《申命记》"也要教训你们的儿女"中的"你们的"看成是最早创办学校思想的起源。随后又有了关于儿童教师任命的规定："教师应由耶路撒冷任用。"但是，并不是所有的家庭都有能力把孩子送到耶路撒冷就读。之后，就慢慢地有了每一个县为年长的男孩所办的学校，但是这些孩子大都已经错过了最合适接受教育的年龄阶段。所以，公元前 3 世纪起，犹太教会堂中开始附设一些小学，招收儿童入学。公元前 1 世纪前期，拉比西蒙·本·什塔（Simeon ben Shetach）提出了创立学校的设想，在他设立的三个命令中的第二个就是"儿童要上学"。

真正设立初等学校的系统规划是由拉比约书亚·本·迦玛列（Joshua ben Gamiel）在第二圣殿被毁前几年开始实施的。他规定每个省和每个城镇都应该要任命教师，并且所有六七岁以上的男孩都应该接受教育。这样，城镇的各个村庄都建立起了小学。这也许是世界范围内实行全民教育的最早记录。《塔木德》中记载说："永远不要忘记一个叫约书亚·本·迦玛列的人，因为要不是他，《托拉》便被以色列人忘掉了。"但随着时间的推移，学校教育制度似乎有所退化。到公元 3 世纪，一位叫作基亚的拉比为重新唤起人们对基础教育的兴趣而做了大量的工作，他说，"我工作的目的是要以色列人不要忘了《托拉》"。他说，他纺亚麻、织网，然后去捕鹿，用鹿肉养育孤儿，把鹿皮做成纸卷，复制一份《摩西五经》。到一个地方后，就把《摩西五经》教给五个孩子，把《密西拿》教给六个孩子，然后让他们分别把自己学会的教给别人，用这种方法，让大家都学到完整的内容，以达到把知

---

① 张倩红、张少华：《犹太人千年史》，北京：北京大学出版社，2016 年，第 109 页。

识传授给孩子的目的。①

　　大多数犹太男孩从三岁开始学习希伯来语，东欧的犹太男孩从五岁开始就进入小学读书，在艰苦的条件下学习希伯来语的基本知识和希伯来经典。某部古老的布道书里有一则极有意义的传说，当所有的异教徒聚在迦达拉的学者俄诺摩斯的身边对他说"告诉我们如何才能战胜以色列人"时，学者回答："到他们的犹太教圣堂和学校去，如果你听到孩子们背诵功课的喧闹声，那么你不可能压倒他们；因为他们的先祖（以撒）曾对他们保证说，'声音是雅各的声音，手却是以扫的手'（创 27:22），意思是如果在圣堂中听到了雅各的声音，那么以扫的手便没有力量了。"② 这足以看出教育对于犹太民族的重要性。而女孩虽不进入学校学习，却可以在家接受母亲的教育。正因如此，流散中的犹太人依然为人类文明做出了巨大贡献，诞生了一大批影响世界的伟大人物。

国际科学奖项中的"犹太现象"

　　犹太民族的贡献非常广泛。在诺贝尔奖成立后的一百多年间，犹太裔获奖者就占到了所有获奖者的 20% 以上，这是一个非常惊人的数据，毕竟犹太人只占到世界总人口的 0.3%。据统计，自 1966 年以来，以色列获得诺贝尔奖的就有 11 位，涉及化学、经济、文学与和平等多个领域，人均获得诺贝尔奖的数量超过了美国、法国和德国。按照获奖的实际数量计算，以色列的获奖者比印度、西班牙和中国都多。在其他顶级的国际科学奖项中，犹太人的获奖比例也相当高，比如，在美国国家科学奖中的获奖比例为 38%，在有日本"诺贝尔奖"之称的京都奖中的获奖比例为 25%，在菲尔兹奖中的获奖比例为 27%，在沃尔夫奖中的获奖比例为 34%。在信息科学领域，犹太人获得了 42% 的诺依曼奖、27% 的图灵奖和 37% 的香农奖。在非科学领域，犹太人

---

① 亚伯拉罕·柯恩：《大众塔木德》，盖逊译，傅有德校，济南：山东大学出版社，1998 年，第 197—198 页。

② 《大创世记》55:20，转引自亚伯拉罕·柯恩：《大众塔木德》，第 197 页。

获得了 41% 的诺贝尔经济学奖、12% 的诺贝尔文学奖和三分之一以上的普利策奖。① 于是，有人就把这概括为"犹太现象"。

仅探究 11 位以色列籍的诺贝尔奖得主（1966 年获诺贝尔文学奖的萨缪尔·约瑟夫·阿格农、1978 年获诺贝尔和平奖的梅纳赫姆·贝京、1994 年获诺贝尔和平奖的伊扎克·拉宾和西蒙·佩雷斯、2002 年获诺贝尔经济学奖的丹尼尔·卡内曼、2004 年获诺贝尔化学奖的阿龙·切哈诺沃和阿夫拉姆·赫什科、2005 年获诺贝尔经济学奖的罗伯特·奥曼、2009 年获诺贝尔化学奖的阿达·约纳特、2011 年获诺贝尔化学奖的丹·谢赫特曼、2013 年获诺贝尔化学奖的阿里耶·瓦谢尔）的成长教育经历，我们也能够发现其中犹太教育传统起到的重要作用。他们中有的人从家庭教育中获取了未来从事职业的兴趣和养分。比如，萨缪尔·约瑟夫·阿格农（Shmuel Yosef Agnon, 1888—1970），他出生于波兰，后移居耶路撒冷。他的祖父是一位学识渊博的商人，父亲是一位拉比和学者，母亲是文学爱好者，这样一个"书香世家"让他从小就受到了希伯来经典和文学的良好熏陶。在犹太会堂学校学习期间，阿格农博览群书，开始接触希伯来语和希伯来文学，从犹太文明和历史中汲取了充足的养分，笔耕不辍，创作了许多诗歌和小说。比如，西蒙·佩雷斯（Shimon Peres, 1923—2016），他也同样在波兰出生。他的祖父是一名拉比，对佩雷斯的生活产生了很大的影响。佩雷斯在接受采访时曾说，小时候，他在祖父家长大，是祖父教会了他希伯来经典的知识。在祖父那里，佩雷斯还培养了对法国文学的热爱，以至于当时他的梦想并不是成为以色列总统，而是成为一名牧羊人或诗人。2000 年时，佩雷斯曾说过一句话，表达了他对以色列教育的理解和期望。他说："应该教导以色列儿童展望未来，而不是活在过去。我宁愿教他们想象而不是铭记。"还有阿龙·切哈诺沃（Aaron Ciechanover, 1947— ），他出生于以色列海法，父亲是一家律师事务所的文员，后来成了律师，母亲是一名英语老师。切哈诺沃受到家人的鼓励，一定要努力学习知识。在他的记忆中，父亲即使在战时也努

---

① 何艳娜：《诺贝尔科学奖中的"犹太现象"》，郑州大学硕士学位论文，2011 年，第 1 页。

力工作，为的就是确保孩子们能够获得最好的教育。虽然家庭并不算富裕，但是切哈诺沃的父母对于孩子们的教育非常重视，家中藏书众多。父亲在家中时会利用每一分钟的空闲时间钻研经典文学、犹太律法和现代法律书籍，他对犹太研究的热爱也给切哈诺沃树立了一个出色的榜样。切哈诺沃的哥哥在旅行时给他买了一台显微镜，他就用这台显微镜进行一些有趣的小实验，在生物的世界里不断探索奥秘、发现未知。正是童年在家庭中的教育经历让他从小就培养了对生物学的强烈兴趣，指引着他对职业的选择和研究。

　　也有的人因为家庭对教育的重视获得了良好的教育环境。比如阿夫拉姆·赫什科（Avram Hershko, 1937—　），他出生于匈牙利，父母都是当地受人称赞的老师。在第二次世界大战期间，赫什科和家人被安排上了前往奥地利一个集中营的火车，在那里他们被迫参与劳动，直到战争结束。战后，他们全家与在匈牙利军队服役、后被苏联军队俘虏的父亲团聚，一起移居以色列并定居在耶路撒冷。在赫什科的回忆中，他们一家作为新移民的生活最初也有困难，因为必须要学习一门对他们来说是全新的语言——希伯来语，当他父亲学会后就开始继续教师的工作了，还撰写了在以色列非常受欢迎的数学教科书。尽管贫穷，孩子的教育还是处于十分重要的地位。赫什科和哥哥被送到了耶路撒冷一所昂贵的私立学校读书，在那里，他们获得了优越的教育资源，赫什科的学习成绩优异，在各个科目上表现都不错。再比如，出生在德国美因河畔法兰克福的罗伯特·奥曼（Robert John Aumann, 1930—　），原本优渥的生活随着欧洲犹太人大屠杀而终止，幸运的是，他的父母敏锐地察觉到了危险，在水晶之夜前两周就不惜舍弃所有财产，举家迁往了纽约，重新努力工作来谋生。即便如此，他们还是给奥曼提供了接受优秀教育的机会，让奥曼能够在纽约的犹太学校读书，并在高中期间明确了自己对数学的热爱。还有阿达·约纳特（Ada Yonath, 1939—　），她是个土生土长的以色列人，出生在耶路撒冷的一个贫困家庭，父母经营着一家杂货店，但难以维持生计，所以只能和其他几个家庭一起住在狭窄的出租公寓里。尽管如此，父母对她的教育十分重视，把她送到附近社区一所著名的世俗文法学校上学。在那里，她接受了良好的教育。父亲去世后，约纳特和母亲搬到了特拉维夫，她继续在特拉维夫上高中。虽然生活艰难，但是她的母亲一直支持她学习。在高中三年的时间里，约纳特一边学习一边做家教贴补家用，最后出色地完成了学业。

正如《教育的力量》一书中所说，良好的教育传统一定能够"给无助的心灵带来希望，给迷茫的双眼带来清明，给稚嫩的双手带来力量，给孱弱的身躯带来强健，给弯曲的脊梁带来挺拔，给卑琐的人们带来自信"。[①] 各大国际科学奖项中犹太人的身影活跃，能人辈出，与他们崇尚智慧、重视教育的优良传统无法分割。

---

① 转引自何艳娜：《诺贝尔科学奖中的"犹太现象"》，郑州大学硕士学位论文，2011年，第33页。

以色列基础教育发展历程

　　尊重知识、尊重教育是犹太民族的优良传统，在以犹太民族为主体的以色列，这种传统自然而然地成为以色列的珍贵遗产，影响着以色列的教育体系和教育理念，成为以色列社会的基本价值之一。在以色列建国之前的"伊休夫"时代①，巴勒斯坦地区的犹太移民和阿拉伯人均已建立学校，1948 年之后，不管国内外环境如何，以色列历届政府都视教育为立国之本，把优先发展教育作为基本国策。对以色列来说，这无疑是经济社会发展的基石。更进一步地，教育不只是民族的宝贵遗产、以色列社会的基本财富，还是他们开创未来的关键。在这之中，基础教育又起到了整个教育体系基石的作用。

以色列建国前巴勒斯坦地区的教育体系

　　犹太人流散期间，巴勒斯坦地区统治者更迭频繁，也有少部分犹太人在此居住，但大多居无定所，生活困难。19 世纪末，在犹太复国主义运动的影响下，大批犹太人开始移民到巴勒斯坦，建立起名为"伊休夫"的犹太社团。1917 年，英国发表支持犹太人回归巴勒斯坦地区

---

① 伊休夫（Yishuv），希伯来语，意为"定居"，指以色列建国前犹太人在巴勒斯坦地区的定居点或犹太社团，建国前的犹太社团时期就称为伊休夫时期。

的《贝尔福宣言》（Balfour Declaration），并占领巴勒斯坦地区，获得该地区的委任统治权。在《贝尔福宣言》的支持下，巴勒斯坦伊休夫在工业、农业、贸易等社会经济方面获得了空前发展，形成了完善的自治制度，也建立了广泛的教育文化体系。[1]

犹太教育体系归伊休夫管理。起初，教学经费中有 90% 都由犹太复国主义执委会（1929 年后是犹太代办处[2]）提供，但之后的财政困难使得执委会的教育经费有所缩减。于是，幼儿园的教育经费开始由当地的一些机构和团体提供，中等教育学校则主要靠收取较高的学费来运转，职业学校靠当地机构或国外机构运行，只有初等教育学校和教师培训学校还受到执委会的财政资助。

这一时期，犹太移民已经在巴勒斯坦地区建立了类型多样的学校，包括西方世俗教育模式的学校、强调犹太传统文化模式的学校以及宗教色彩浓厚的学校，涵盖了幼儿园、小学、中学、职业教育机构、大学等。最早一所犹太学校的建立是在 19 世纪末，这时，希伯来语已经恢复为他们的日常用语，学校也使用希伯来语教学。到 1920 年时，学校数量已经超过了 100 个。

幼儿园大多是由地方当局和妇女志愿组织开办，主要针对 3~5 岁的儿童。大多数幼儿园收取学费。初级学校有 8 个年级，学生年龄一般在 6~14 岁，一周上六天课，主要学习希伯来语课程，以及算数、历史、地理、科学、艺术、体育等一般科目，总体来说是免费教育。大多数中级学校都效仿中欧的 12 年学制，与初级学校相比，收费较高，需要由学生家长提供。[3] 这些学校基本上被分为两种：一种是试图结合民族观念和一般进步价值观念的学校；另一种则是更强调宗教教育的学校，其教师都是恪守犹太教教义教规的犹太人。此外，犹太移民

---

[1] 葛淑珍：《论英国委任统治时期巴勒斯坦"伊休夫"的发展》，河南大学硕士学位论文，2008 年，第 2 页。
[2] 巴勒斯坦犹太代办处（Jewish Agency）于 1929 年成立，代表犹太人群体与英国委任政府和巴勒斯坦阿拉伯人打交道。核心部门有政治部、安全部、移民部、劳工部、殖民部以及公共工程部。
[3] 葛淑珍：《论英国委任统治时期巴勒斯坦"伊休夫"的发展》，河南大学硕士学位论文，2008 年，第 54—55 页。

还建立了两所高等学府、一座研究所，即 1912 年奠基于海法的以色列理工学院、1918 年始创于耶路撒冷的希伯来大学和 1934 年建立于雷霍沃特的西埃弗研究所（后来以以色列首任总统、著名化学家哈伊姆·魏茨曼博士的名字命名），为现代以色列国的高等教育和科技研究奠定了一定的基础。建国以前，这些学校的在校生数量已经达到万余名，成为之后以色列教育体系的雏形。

阿拉伯教育体系和犹太教育体系是平行的，不同之处在于，阿拉伯教育体系完全被托管政府的教育部所控制，而犹太教育体系只受到教育部名义上的监督。在英国委任统治之前，生活在奥斯曼帝国时期的阿拉伯人的教育水平相对而言还较为迟滞。虽然奥斯曼帝国在巴勒斯坦地区也开办过一些学校，但最终的结果并不尽如人意。[①] 这些学校的学生大多是穆斯林，阿拉伯基督徒的孩子一般在各个教派的学校或修道院接受教育。一战结束，奥斯曼帝国投降后，英国当局从它手中接管了阿拉伯教育体系，将土耳其语替换成阿拉伯语作为教育媒介。

委任统治时期，英国当局在巴勒斯坦建立了教育部统筹管理的政府学校，除开设自然科学、农业、体育及阿拉伯语等课程外，每周专门留出诵读伊斯兰教宗教经典的时间，长达 6~8 小时，学制基本上是 4 年低学段和 2 年高学段。对于政府学校，英国当局推行英语和阿拉伯语双语授课，以快速扩大英语在巴勒斯坦的影响力，进一步强化英国的战略地位。而穆斯林学校的主导权通常掌握在阿拉伯人的宗教机构——穆斯林高级委员会手中，以旧式教育为主，教授的课程大部分与宗教相关，尤其以诵读宗教经典为重。基督教学校的创办者则大多是一些外国使团或教会机构，以初等教育为主。这些学校的开办，让阿拉伯人的受教育程度得到了一定的提升，但仍有一部分适龄儿童未能进入学校学习。[②]

总而言之，建国前夕的巴勒斯坦地区虽然在文化教育事业上已经

---

① 李迪：《英国在巴勒斯坦的委任统治研究》，陕西师范大学硕士学位论文，2021 年，第 58 页。

② 李迪：《英国在巴勒斯坦的委任统治研究》，陕西师范大学硕士学位论文，2021 年，第 59—60 页。

1929 年耶路撒冷一家幼儿园的学童①

基布兹②里的学校课堂③ Zoltan Kluger 摄

① 维基共享资源（Wikimedia Commons）: https://commons.wikimedia.org/wiki/Main_Page。
② 基布兹（Kibbutz）是希伯来语"团体""聚集"的意思，是以色列一种具有特殊价值观和特殊生活方式的集体社区，它是在所有物全体所有制的基础上将成员组织起来，在生产、消费和教育等一切领域实行自己动手、平等与合作。过去主要从事农业生产，现在也从事工业和高科技产业。
③ 维基共享资源（Wikimedia Commons）: https://commons.wikimedia.org/wiki/Main_Page。

基布兹里的中学生在实验室 ①　KLUGER ZOLTAN 摄

1950 年某所小学的毕业生 ②　David Gal 摄

---

① 以色列政府新闻办：https://gpophoto.gov.il/haetonot/Eng_Default.aspx。

② 维基共享资源（Wikimedia Commons）：https://commons.wikimedia.org/wiki/Main_Page。

有了一定的基础，但整体的教育普及率和适龄儿童入学率还相对较低，学校缺乏统一的体系，类型分散，各类教育资源还比较缺乏，也没能形成规范的教育体制。

建国初期的以色列教育

以色列建国后，复杂的国内外环境对原有的教育体系造成了不小的冲击。对外，以色列与周边的阿拉伯国家在第一次中东战争中激战正酣，财政吃紧。对内，一方面，英国委任统治结束后，由于巴勒斯坦地区的大多数犹太学校隶属于不同的政党和宗教派别，教育理念不尽相同，课程规划和教师体系往往也大相径庭，很难统一；另一方面，来自世界各地的犹太移民不断涌入这个新生的小国，给经济、社会秩序带来了巨大压力，与阿拉伯人之间的冲突也不曾断绝。移民中有许多儿童，他们或是跟着父母，或是孤身一人来到以色列，其中大部分人都不会说希伯来语。如何融合这些来自不同国家和地区的移民儿童，如何弥合东西方犹太人之间的文化鸿沟，如何对阿拉伯人实施教育，如何快速重整教育体系、兴起教育设施，进而为国家的发展贡献力量，这对刚正式成立不久的以色列教育部门来说是一个巨大的挑战。

但即使是在战乱频仍、百废待兴的形势下，教育依然是以色列政府首要考虑的头等大事。从建国初期到20世纪50年代，推行义务教育、建立统一的国民教育体系一直是以色列政府在教育领域开展的重点工作。现代以色列之父、以色列国的第一任总理本－古里安曾经强调："没有教育，就没有未来。"早在1947年年初，他就在日记中规划了建国后首先应当颁布的法律，其中就包括了《义务教育法》。

但是，建国初期的以色列国内存在几种不同的意见流派，影响着这部《义务教育法》的制定和确立。有一种较普遍的意见是想把孩子们塑造成扎根于犹太文化和现代文化的人。摩西·格吕克森（Moshe Gluecksohn）就是这种趋势的代表人物，他呼吁教育要承认与希伯来经典传统的联系，切合整个国家的价值观，也需要科学和批判，要有表达意见和信仰的自由。这类学校的老师大多希望学生能够在高中毕业后继续深造，之后去往经济部门工作。

劳工派别的学校则注重培养世俗的、社会主义的犹太先驱者，其代表人物雅阿克夫·哈尔彭（Ya'akov Halpern）说，他们要塑造独立的、具有开拓性的犹太人，以实现犹太劳工运动的目标。这类学校的许多老师号召学生"推翻金字塔"，加入先锋青年运动，在集体社区（尤其是基布兹）中成才。他们中的许多人还反对预科考试，认为这是一种助长"资产阶级野心"的教育形式。

第三种意见来自宗教复国主义，其理想是塑造一个现代的、宗教的、复国主义的犹太民族，他们强烈反对极端正统派的学校，而呼吁将宗教研究和现代文化相结合，把犹太传统价值观作为基础，在生活中遵循犹太律法，同时也遵循现代社会公民准则。

这三种不同的意见流派相互竞争，各自催生了相应的青年运动。建国初期，这种竞争在移民因素的催化下愈演愈烈。

此外，对以色列境内的阿拉伯人应该施行什么样的教育政策，这也是教育部面临的困难之一。起初，教育部争论的焦点集中在以色列教育体系是要同化阿拉伯人，还是在监督和管控下给予阿拉伯教育以特定的地位。最终，教育部还是选择了后者，将希伯来语教育体系与阿拉伯教育体系并列。[①]

教育立法

1949 年，以色列教育和文化部[②]成立，以确定稳定的教育标准、培训和指导教师、推广教育计划与教学课程、改善教学条件、组织成人教育文化活动为己任，大力推行义务教育，对国内普遍存在的多元性教育局面进行改革，对各政党团体或社会组织主办的学校实行统一的管理，以保证国民教育的质量。

---

① 柳文佳：《以色列阿拉伯公民的教育发展：成就与挑战》，《阿拉伯研究论丛》2021 年第 2 期，第 80—81 页。
② 2006 年更名为"教育部"。在此期间曾统管教育、文化和体育，现如今，文化和体育工作由以色列文化和体育部负责。

以色列教育部标志[1]

以色列第一位教育部部长扎勒曼·夏扎尔（Zalman Shazar）[2]　Fritz Cohen 摄

《义务教育法》（1949 年）

　　1949 年 9 月，以色列议会审议通过了《义务教育法》，各种类型的学校均得到了承认和资助，由国家统管。《义务教育法》是以色列最早的法律，它对标西方发达国家，规定凡年满 6 周岁（自 1953 年起，

---

① 维基共享资源（Wikimedia Commons）：https://commons.wikimedia.org/wiki/Main_Page。
② 维基共享资源（Wikimedia Commons）：https://commons.wikimedia.org/wiki/Main_Page。

儿童义务教育开始的年龄限制为 5 周岁）的儿童和 15 周岁以下的少年都必须接受国家的免费义务教育。6 岁这一年，儿童接受的是免费的学前教育，6~14 岁是小学阶段，涵盖了 1 年幼儿学前教育和 8 年初等教育。此外，16 至 17 岁的青少年以及 18 岁仍未完成 11 年级学习的青少年也可以接受免费教育。义务教育责任由中央政府和地方政府共同承担，家长和地方政府必须保证适龄儿童入学。这项法律的出台和实施构建了以色列教育体系的基本框架，加快了教育的普及，促进了教育的公平和平等。①

但是由于不同政治党派背景的学校间仍然存在竞争关系，各个派别为了争夺生源激烈竞争，用一切政治、经济手段来吸引学生和家长（比如提供就业、贷款等福利手段），甚至通过威胁的方式强迫家长和学生参与各自主办的学校。各个派别的学校都希望学生在毕业后可以加入他们所支持的政治阵营，进而操纵国家的教育权力，这并不利于教育公平、教育统一、教育国有化等目标的实现。以色列政府经过不断的磋商和互相妥协，终于达成废除"派别"教育的共识，决定实行统一的国家教育体系。于是，1953 年，议会通过了《国家教育法》。

《国家教育法》（1953 年）

这部法律规定，以色列国内全面推行义务教育，将学校分为公立学校和私立学校，大部分学校为公立，这些不同类型的学校都由国家统一管理。接受教育的对象也从青少年扩大到全社会，形成了一个完整、高效的现代教育体系，这个体系包括学前教育、中小学教育和高等教育。该法律还区分了以色列中小学教育的"国家教育"和"宗教国家教育"两个体系，确定了有关国家教育的内容和指导原则。"国家教育"指的是各所学校需要根据国家批准的课程提供教育，不隶属于任何政党、社区机构或其他非政府组织，并接受教育部的监督，任何教师都不得向学生宣传政党派别的政治主张；"宗教国家教育"是指教学是宗教的国家教育，课程、教师、校监（包括《托拉》教育者）

---

① 全文可参见陈腾华：《为了一个民族的中兴：以色列教育概览》，上海：华东师范大学出版社，2005 年，第 235—245 页。

都按照宗教传统和宗教复国主义精神开展。这部法律也设立了以色列的国家教育目标，包括：教育学生热爱人类，热爱民族，热爱国家，做以色列的忠诚公民，孝敬父母、家庭，尊重遗产、文化特征和语言；继承以色列国成立宣言所定的原则，继承犹太精神和民主国家的以色列价值观，对人权、基本自由权、民主价值进行开发性研究，遵守法律，尊重文化和同胞见解，努力为人民与民族间的和平与容忍开展教育；教授以色列编年史以及关于以色列国的知识；教授《托拉》、犹太人民编年史、以色列遗产和犹太传统，传承大屠杀纪念，以及为尊重所有这些知识而开展教育；在以色列社会生活中营造一种自觉承担责任并以献身精神和责任心奋力完成、互相帮助、贡献社区、自愿为以色列国的社会公正努力奋斗的环境；开发为民族环境以及与国家、景物及地理风物相关的尊重和责任的感情；了解以色列国的阿拉伯人口以及其他少数族群的语言、文化、历史、遗产以及他们独特的传统。[①]

　　《国家教育法》在推动国民教育一体化方向上迈出了关键性的一步，给予家长更多的择校自主权，基本完成了教育形式上的统一。这两部法律颁布后，以色列的入学人数从 1948 年的 10 万人增加到 1957 年的 50 多万人。[②]

其他立法

　　在国家进入相对稳定的建设阶段之后，1958 年，以色列议会通过了《高等教育理事会法》，政府正式成立高等教育理事会，将以色列高等教育的发展纳入法律规范的轨道。教育部长担任理事会主席，理事会成员由以色列总统任命。1968 年，以色列议会通过《学校审查法》，规定开办和运营学校需要获得国家颁发的许可证，并阐明其建立和运营的原则；《教育改革法案》颁布，义务教育年限延长至 10 年。1988 年，以色列议会通过《特殊教育法》，明确特殊教育的目的是提高和

---

① 全文可参见陈腾华：《为了一个民族的中兴：以色列教育概览》，上海：华东师范大学出版社，2005 年，第 246—256 页。

② Iram Yaacov, *The Educational System of Israel*, Westport Conn: Greenwood Press, 1998, p.22.

发展残疾儿童的能力和潜力，纠正和改善他们的身体、心理和行为，为他们教授知识、技能和习惯，使他们能够适应社会、融入社会，最大限度地正常参与社区生活和职业生活。1997 年，以色列议会通过《延长学时及丰富学习内容法》，在原来的学时基础上增加了学习与授课时间，规定了每周学习日的时间等。2000 年，《学生权利法》颁布，遵照联合国宪章制定的《儿童权利》，规定学生有不受歧视和人身攻击、侮辱的权利，学校不得因种族、社会经济地位、政治原因等歧视学生；学生若退学、转学，则需听取学生本人和家长的意愿，学生本人和家长有权申诉；学生有权参加教育部的资质测试。2001 年，以色列议会又通过了《义务教育法修正案》，将儿童参加义务教育的年龄提前至 3 周岁，规定禁止因种族、宗教歧视学生，禁止体罚学生，等等。

通过这一系列法律的颁布，以色列政府进一步确立了教育在国家生活中的重要地位，形成并完善了以色列完整的教育体系。这个教育体系以犹太价值观、热爱祖国、自由与宽容原则为基础，设法向学生传授高层次的知识，并着重传授对国家的持续发展至关重要的那些科学技术技能，其目的是把儿童造就成这个不同民族、宗教、文化和政治背景的人共处的民主化多元社会中富有责任感的成员。而阿拉伯人作为以色列的少数族裔，其教育体系虽然与希伯来语教育体系并列，但并没有获得独特的地位，这时以色列的国家基础教育还是建立在犹太文化的价值观之上的。

21 世纪的教育改革

进入 21 世纪，全球化的浪潮袭来，国际竞争日趋激烈，各国的少年儿童比以往任何时候都更需要掌握与 21 世纪连通的知识和技能，需要进行深入的批判性思考，形成创造性思维和能力，才能成为解决当今世界和未来世界最迫切问题的挑战者、教育者、研究者和领导者。以色列的自然资源较为匮乏，人才就成了最重要的资源。优质的教育能够为以色列培养高质量的劳动力和专业技术人才，这是以色列保持经济社会发展态势的关键。因此，以色列在 21 世纪积极谋划人才发展战略，对教育体制进行重建和改革，推行了多项改革措施，以提升国家的整体教育水平，提高全民教育程度，帮助其跻身世界创新强国。

五年基础教育改革计划

在教育部部长莉莫尔·利夫纳特（Limor Livnat）任内，以色列推行了"五年基础教育改革计划"，目的是争取在 2008 年之前让各个学校的学生都能够拥有接受平等教育的机会，推行计划的主要措施有重组教育资源、设置核心课程、调整高考制度、增加教育预算等，从而促进教育公平和教育质量的提高，同时也加强对学生的爱国教育，提升民族认同感。

许多以色列学生在数学和英语科目上表现不佳，导致无法通过入学考试。所以，在设置核心课程方面，教育部要求加强数学、希伯来语、英语和科学的教学。原本小学生从 4 年级才会开始学习英语，实行教改之后，从小学 1 年级起就开始有英语课程了。科学教育也成为以色列中小学的重点，教育部要求在小学课程中增加科学技术教育的内容和课时，尤其应该推广计算机科学教育。在高中开设机器人技术、计算机技术、生物技术等课程，提供相应的实验器材。当然，为了开设这些课程，以色列教育部对在职的数学和科学老师也加强了培训，让他们能够系统地进行课堂、实验、研讨等教学活动。

数据显示，以色列发达地区和欠发达地区在学生的升学比例上存在差距，所以，为了推进教育公平，教育部也调整了高考制度，提高了大学入学资格考试的通过率，再给没有通过英语和数学考试的学生多提供一次机会，即在成绩公布后的第二个月可以重新考试。此外，还鼓励因经济条件较差无法顺利毕业的学生继续学业，鼓励已经离开学校的学生也通过校外机构的补习再次参加高考。以色列也有高考加分，对象是那些刚来到定居点的新移民和边远地区的考生。[1]

2001 年，以色列的教育支出占到政府总支出的 12.92%，到 2017 年增长到了 15.72%，位列全球第 9。

---

[1] 邓莉:《21世纪以色列基础教育改革研究》，华东师范大学硕士学位论文，2014年，第 23—26 页。

德夫拉特计划

21 世纪以来，由于以色列教育体系的弱点开始为人所注意，比如学生的国际考试成绩并不高，各社会阶层、族裔、学校之间存在资源差距，教师的地位下降，教育部的预算拨款减少，等等，2003 年 9 月，以色列政府任命成立了一个公共委员会，目的是对以色列的教育系统进行全面审查，并提出一项彻底的改革计划，阐明其实施方式，需涵盖教学、结构、组织等内容。这个委员会被称为"以色列促进教育国家工作组"（National Task Force for the Advancement of Education in Israel），它由以色列高科技企业家施罗莫·德夫拉特（Shlomo Dovrat）领导，成员均为商业和经济领域的知名人士，也被称为"德夫拉特委员会"。委员会对以色列的教育政策进行了几十年来最全面、最深刻的分析，于 2004 年得出结论，改善以色列教育的关键并不在于投入更多的钱，而是要投入更高质量的教学。所以，以色列教育体系必须达成三个目标：一是使以色列在全球保持长期稳定的经济优势；二是增进社会团结；三是减少差距、促进平等。基于这样的结论，德夫拉特委员会提出了一项教育改革计划，囊括公共教育体系结构、教师职业考核、教育系统管理等方面。[①]

新视野计划

2007 年，受麦肯锡咨询公司发布的《世界表现最佳的学校系统如何成为最优》报告触动，以色列教育部和教师联盟在深入谈判后共同签署协议，发起"新视野"（New Horizon）计划，这项计划受到"德夫拉特计划"的影响，很多改革措施都延续了"德夫拉特计划"，致力于提高老师的工资和地位，聘用表现优异的老师，培养有天赋、有能力的学生，提高学生的学业成绩，改善教育质量。在这项改革下，老师可以单独为 1~5 个学生组成的学习小组提供教学，个性化地帮助

---

① 邓莉：《21 世纪以色列基础教育改革研究》，华东师范大学硕士学位论文，2014 年，第 27—34 页。

学生提高他们的学习能力。①

　　近年来，以色列国民教育经费占国内生产总值的百分比仍在不断提高，给以色列的教育体系带来了进一步的发展。另一方面，针对新移民、非犹太人的教育体制也在持续改进之中。重视教育这一犹太民族的优良传统仍然是现代以色列国谋求创新发展、夯实立国之基的重要引擎。

---

① 邓莉:《21世纪以色列基础教育改革研究》，华东师范大学硕士学位论文，2014年，第36—39页。

三

以色列现行基础教育体制

　　按照教学语言区分，以色列国内的基础教育体系可以分为以希伯来语讲授和以阿拉伯语讲授的两大教育系统。按照建立背景来看，以色列的学校可以主要分为 4 种类型：公立世俗学校、公立宗教学校、私立学校（包括根据不同宗教派别、不同国际文化需求开设的学校），以及阿拉伯（含德鲁兹、贝都因）学校。公立世俗学校不教授宗教课程，公立宗教学校会教授一部分宗教课程，极端正统派的宗教学校则完全教授宗教课程。以色列大部分孩子都在公立世俗学校上学，以色列中央统计局的数据显示，2021—2022 学年，公立世俗小学学生人数占 50.2%[①]，公立世俗初中学生人数占 78.2%，公立世俗高中学生人数占 55.5%[②]。阿拉伯语系统的阿拉伯学校则主要面向以色列国内的阿拉伯学生招生、为他们提供教育。不同的学校类型也凸显了以色列建国七十六年来在政治、民族和宗教上的复杂性，以及以色列政府不断完善教育体制的种种努力。

　　1949 年《义务教育法》颁布之初，以色列政府设立的是 8 年小学和 4 年中学的教育体制，且只对八年级以下（即小学和初中）的儿童实行义务教育。1968 年，以色列政府对这一教育体制做了较大的修改。

---

① 数据来源于以色列中央统计局。
② 同上。

1977 年，又通过教育改革将义务教育年限扩展到高中阶段，并将中小学教育体制改革为 6 年小学、3 年初中、3 年高中的 "六三三" 学制，对中等教育的结构和入学考试也做了修改。

学前教育	3～6 岁
小学教育	6～12 岁（1～6 年级）
初中教育	12～14 岁（7～9 年级）
高中教育	14～19 岁（10～12 年级）

学前教育

学前教育指的是为 6 岁以下儿童提供的教育，也就是学前班或幼儿园。以色列的学前教育是被囊括在法定的教育体系之内的，一是因为重视对儿童的早期教育是犹太人的传统；第二个原因则是，建国之

犹太学童在 Heder 里学习 ①　Avraham Barzelai 摄

① 维基共享资源（Wikimedia Commons）: https://commons.wikimedia.org/wiki/Main_Page。

Nir Am 基布兹里的幼儿园①　Moshe Milner 摄

　　后，面临不同文化背景移民难以融为整体的复杂局面，以色列人意识
到，要使犹太人成为真正的"以色列人"，就必须从幼儿教育开始，
抓好"铸造一个新以色列民族"的第一道工序。

　　以色列的学前教育是从传统的犹太儿童宗教学校（Heder，希伯
来语意思是"房间"）发展而来的，这是在中世纪犹太人中普遍存在
的一种早期教育形式。在以色列人眼里，儿童是民族的希望，他们非
常重视对幼儿的启蒙教育，为的是尽早培养儿童在沟通交流和语言发
展等方面的能力。所以，在犹太儿童宗教学校里，犹太男孩从 3 岁就
开始学习希伯来语，接触文化传统。到 20 世纪初，犹太儿童宗教学
校开始发展成为符合现代儿童早期发展概念的幼儿园和托儿所。

　　从 3 周岁开始，以色列儿童就能够接受义务教育，这是以色列教
育体系的一大特点。目前，仅特拉维夫市就有 500 多所幼儿园。在实
施方面，以色列教育部与地方政府、妇女组织、国内外基金组织及相
关机构密切合作。以色列的幼儿园大多数是由地方政府拨款主办的国

---

① 以色列政府新闻办：https://gpophoto.gov.il/haetonot/Eng_Default.aspx。

幼儿园的孩子们① Avi Ohayon 摄

---

① 以色列政府新闻办：https://gpophoto.gov.il/haetonot/Eng_Default.aspx。

幼儿园的孩子们在玩耍 ① Moshe Milner 摄

立或市立幼儿园，还有一些由托儿所组织、社会团体、妇女组织和公民个人开办的私立或民办幼儿园，此外也有一些为需要接受物理治疗、言语治疗或其他治疗的孩子所开办的特殊教育幼儿园。在管理上，以色列实行中央与地方分工合作，由地方兴办和管理学前教育机构的管理体制，即中央负责教育经费、课程编制、教材编写、师资培训；地方负责学校的修建、维修、设施设备购置和管理。市立幼儿园和托儿所由地方政府提供所有的经费，但中央也要向地方提供一定的教育经费；其他由社会团体和个人兴办的幼儿园，中央也会对它们进行一定的补贴。②

　　尽管以色列的《义务教育法》规定，凡年满 3 周岁的儿童必须参加义务教育，但也有许多孩子从 2 岁多就开始在幼儿园参加学前班的学习，接受语言、算数、艺术等方面的启蒙教育。根据这一时期儿童的特点，教育部制定了学前教育的目标：

---

① 以色列政府新闻办：https://gpophoto.gov.il/haetonot/Eng_Default.aspx。
② 薛华领：《以色列内阁通过教育法案 三岁儿童接受义务教育》，《基础教育参考》2012 年第 15 期，第 25—26 页。

（1）培养独立的人格和尊重、宽容的态度，接受与自己相似的人和与自己不同的人；

（2）提倡社会和文化遗产的价值；

（3）培养最优的教育氛围，并根据行为规范和健康的生活方式来培养生活技能；

（4）培养好奇心、求知欲和创造力，以此作为激励学习和享受学习的基础；

（5）根据孩子的发展和兴趣领域，培养他们基本的思维和自主学习能力，同时丰富他们在各个领域的知识；

（6）鼓励体育活动，培养读写能力、数学思维和解决问题的能力，培养运用技术、计算机和通信工具的理念，培养对美和环保的敏感性，熟悉各种艺术表现形式。

在公立幼儿园，每个班大约有 35 名儿童，私立和民办幼儿园每班的人数更少。每节课都会有一名老师和一名助教来负责。幼儿园的老师基本上是幼儿师范专业的毕业生，他们根据教育部的教学框架规划课程，开展教学活动。20 世纪 80 年代之前，幼儿园的课程还偏重于对孩子社会价值观的培养，以及对手工、艺术、音乐等简单知识的学习。80 年代后，课程中加入了算术、科学、历史文化等知识。2000 年时，以色列开始实施学前教育的基础框架，确立了以语言技巧训练、学习技能、社会情感技能、体育锻炼技能、文化价值观教育为核心的教学大纲和课程框架，为公立学校、公立宗教学校和阿拉伯学校实行教学活动提供参考。

幼儿园开设的这些课程都由教育部指导和监督，总目标是教授儿童基本的技能，包括语言和数字概念、生活和社会技能等，以培养他们的认知和创造能力，提高他们的社会适应能力，确保为孩子们将来的学习打下坚实而全面的基础。在纪录片《他乡的童年之以色列篇》中，可以看到孩子们在不同类型的幼儿园里上课、玩耍，一些注重犹太民族传统的幼儿园会着重教授传统节日、民族历史，也有一些幼儿园以科学教育为主，孩子们在这里可以自主使用工具探索科学奥秘，保持了以色列多元群体的不同需求和独特个性。

幼儿园里的集体生日派对①   Avi Ohayon 摄

以色列学前教育的质量和儿童接受学前教育的比例，在世界各国中名列前茅。以色列儿童在学前教育中不仅接受到了基础知识教育，其创造能力、判断分析能力、社交能力、审美能力等都在这一时期得到了初步的培养，这让他们从小养成了热爱学习、热爱集体、热爱劳动、遵纪守法的良好习惯，为他们进入中小学学习打下了坚实的基础，更有小部分儿童在进入小学后能表现出超乎同龄人的聪明才智，在科学、艺术等领域取得不错的发展。

小学教育

以色列小学教育的发展历经三个阶段。第一阶段是以色列建国后20年间，有大量移民来到以色列，为了促进社会和谐，消除不同移民族裔间的差异，在政策上采取"熔炉政策"，教育上则表现为追求一

---

① 以色列政府新闻办：https://gpophoto.gov.il/haetonot/Eng_Default.aspx。

Nitzani Hameda 小学 2022 学年开学典礼 [1]

致性和平等性，制定了统一的课程进行教学活动。第二阶段开始于 20 世纪 60 年代，对"熔炉政策"的弊端进行检讨，代之以"社会一体化政策"，强调以学生为中心的教学方法，促使各个群体的学生建立直接的联系，在课程设计中也增加了多元弹性的课程结构内容。在第三阶段，由于以色列学生的学习表现在国际评价中处于低位，教师在教学中的作用逐渐突出，所以开始采用较为严格的教学方法和测验方式。[2]

目前，小学一般是六年制，也有少部分小学保留了以色列中小学教育的旧模式，即小学八年制、中学四年制。家长可以根据生活背景和需求把孩子们送到适合自己的学校读书。

以色列教育部也同样明确了小学教育的基本原则：

（1）发展与社会文化、经济和技术变革进程相适应的灵活学习结构，使国家的民主、多元价值观能够在公共教育体系中得到运用；

①　以色列政府新闻办：https://gpophoto.gov.il/haetonot/Eng_Default.aspx。
②　胡茹萍：《以色列教育初探》，《台湾国际研究季刊》2012 年第 2 期，第 152—153 页。

（2）制定核心课程，作为不同学科和领域课程的核心；

（3）促进基本技能的掌握和持续提升；

（4）加强学校自治能力；

（5）鼓励校外和社区内的社会教育活动；

（6）增加学校和学生的主动性和自主选择权；

（7）全面提高学生的水平，而不是简单地给他们贴标签归类；

（8）校内的各种反馈和评估也是教学的一部分；

（9）创造高科技的学习环境。

根据这些基本原则，以色列小学不断改进自己的组织和管理方式。老师不再是"知识之门的守护者"，而是充当着促进和促成学生们学习的中介。他们指导学生选题，引导学生进行调查研究和实验，为学习速度不同、兴趣不同的学生创造灵活多样的学习环境，形成了以色列小学注重启发式教育、开放式教育的特点。校长的职责则是创建一个能够实现差异化教育的环境，不断提高教职工的素质，使老师也能够提高在各个领域内的专业知识水平；同时还要不断提高教职员工队伍的凝聚力，使他们在相互理解的基础上向着共同的目标迈进。

小学的课程是由教育部指定的，包括一般的学术科目，比如科学、数学、地理、历史等。在学校里，学生也会学习传统的犹太经典，但是不同类型的学校研读经典的方式和角度不一样，给课程分配的时间也不一样，公立宗教学校的学生会比公立世俗学校安排更多的课时。在语言方面，孩子们会学习希伯来语语言与文学，大部分学校会把英语作为第一外语，但也有少部分学校学习的是法语，或者是把法语作为第二外语来学习。这些都属于必修课的范畴，孩子们上学时的大部分时间都用于这类必修课的学习。新移民学生在移居以色列后的第一年有资格接受希伯来语和犹太研究的集体辅导（中学生有两年的集体辅导资格），以帮助他们迅速掌握语言技能，跟上学校课程。虽然小学课程主题在整个教育系统中是一致的，但是每所学校都可以自主从教育部提供的各种学习单元和教材中选择最适合其师生需求的部分。

小学课程中还包括了手工培训和社会教育。手工培训课程不是统一的，孩子们可以选择木工、金工、家政和农业，社会教育则包含

学生们在上自然课^① Kobi Gideon 摄

以色列总理内塔尼亚胡在一所公立宗教小学的开学典礼上^② Avi Ohayon 摄

① 以色列政府新闻办：https://gpophoto.gov.il/haetonot/Eng_Default.aspx。
② 以色列政府新闻办：https://gpophoto.gov.il/haetonot/Eng_Default.aspx。

时事政治、行为习惯等内容，也包含课外的实地考察、兴趣班、志愿服务等教育活动，旨在让孩子们接触社会。每年还会组织集体旅行，每个班都会进行一次国家探索之旅。低年级学生花一天时间，高年级学生旅行时间更长些，有时也会要求家长陪同。一般来说，从小学一年级到六年级，孩子们是不分班的，也就是说，会有同样的一群人互相陪伴着度过小学教育阶段，因此团队合作也是小学教育中的重要部分。

中学教育

以色列中学教育和小学教育是一以贯之的，致力于建立一个能够顾及各个学生之间的差异性的专业教学网络，让学生发挥个人独特性，实现个人成长成才。目标有以下几点：

（1）缩小差距，提高学业成绩；

（2）提高预科考试通过率；

（3）解决校园暴力和学生行为问题；

（4）教导学生改进自己的学习过程；

（5）制定基于不同学校的评估程序；

（6）应对学生们的差异，提高他们的能力；

（7）把价值观教育融入教学过程；

（8）推广希伯来语和阿拉伯语；

（9）在考虑学生差异的前提下促进数学和科学研究；

（10）多途径发展和培养优秀人才。

一般来说，中学教育采取六年制，7~9年级是初中，10~12年级是高中，但也有少部分学校采取的学制不同。

三年的初中教育课程为各类基础课程，包括自然科学课程和人文课程，比如希伯来语语言和文学、英语、阿拉伯语、法语、数学、科学、历史、地理、社会研究、宗教研究和体育等，公立宗教学校投入宗教教育的时间是一般公立学校的两倍。由于以色列在科技方面处于全球领先的地位，近年来以色列中学也将把计算机科学和机器人技术纳入

以色列的中学生们① Kobi Gideon 摄

课程中来，以扩大未来的高科技人才库，进一步把技术和创新转化为以色列社会变革的催化剂。

同时，为了增强学生对社会的了解，学校每年都会要求学生对具有国家重要性的特殊主题进行深入研究，并在课堂上做专题报告，这些主题包括民主价值观、希伯来语、移民、和平与工业等。有时，学生也会在课堂上对某个问题各抒己见，进行激烈的辩论。

在完成了 9 年级的学习之后，学生可以基于初中阶段的成绩，在高中阶段选择继续接受普通的学术教育还是接受技术教育。原则上，所有的公立学校都提供这两个方向的高中教育课程，普通学术教育和技术教育的主要区别就在于花在不同课程上的时间，二者都可以参加高考。但不管选择哪个方向，学生都必须要满足教育部指定的核心课程要求。在核心课程之外，以色列的高中教育为学生们提供了更多接受额外教育或专业教育的空间，这就取决于学生个人的意愿、能力和

① 以色列政府新闻办：https://gpophoto.gov.il/haetonot/Eng_Default.aspx。

抱负了。在普通高中学习的学生还需要修习不算平均成绩的必修科目，包括三年每年 60 个小时的体育课，共计 180 小时；两门通识教育课程，每门 30 小时；一年每周 3 小时的科学入门课程，共计 90 小时；以及 180 小时的志愿工作。这个模式其实很像大学，学生们自主选择自己的主修科目，一般高中生通常只会选择一门主修，但也有学生会同时选择两门课作为主修课程。对于以色列高中生来说，高中阶段的课程更多是为了探索和寻找自己真正感兴趣的方向，为大学的专业选择做准备。

全球化、区域一体化带来的人口变化、技术进步、环境问题为教育带来了新的挑战，许多国家都在加强技术和职业教育培训，以帮助青年应对全球化的压力和挑战，为他们创造就业机会，适应人类社会未来的发展方向。在以色列，中等职业教育和培训是在职业高中进行的，由以色列工贸部、劳工部监管。这类教育课程面向有志于从事电工、汽车修理工、厨师、发型师等职业的学生，可以从 9 年级或者 10 年级开始学习，一直到 12 年级。只要学校在提供职业教育的同时安排足够课时的学术科目，那么接受职业教育的学生也能够参加以色列高中毕业考试。而那些没有资格参加考试，但已成功完成 7 个学分的数学、英语和语言科目学习以及 7 个学分技术科目学习的学生，将有机会进入实用工程（Practical Engineering）专业深造。

此外，以色列还有农业学校、军事预备学校等高中。农业学校经常设立在有条件提供住宿的地方，除提供基础课程之外，还提供与农艺学相关的科目。拉宾的母校嘉道理农业高中就是以色列农业高中的代表，它是英国托管时期建立的两所农业学校之一，由英国犹太慈善家埃利·嘉道理爵士（Sir Elly Kadoorie）出资创办，是当时最好的学校之一。值得一提的是，嘉道理爵士在 19 世纪曾来到中国，在上海和香港两地兴办实业，并且还热衷慈善事业，兴办了上海市育才中学、上海市第一结核病院等教育、医疗机构。军事预备学校要求住宿，其课程主要是为了培养两方面的学生：一是未来的职业军人，二是以色列国防军所需要的各种专业技术人员。

嘉道理农业高中 [①]　Shaula Haitner Pikiwiki Israel 摄

公立学校中的资优教育

　　以色列建国后颁布的《义务教育法》和《国家教育法》中规定，所有儿童都有平等接受教育的权利，但外来移民的到来让教育公平的理念和实践受到了冲击和挑战。以色列政府逐步考虑对孩子们实施多样化和特殊化的教育，对于那些特别突出的学生，自然也有适合他们的教育方式，也就是针对才智卓越的孩子们的资优教育。这其实并非以色列所独有，在世界上的其他一些国家，例如美国、英国、法国、韩国，都保有资优教育，同时也在探索各种改革和完善教育体制的措施，促进人才培养。我国也有类似的特殊教育模式，也就是所谓的"少年班"。

　　以色列的资优教育起源于 20 世纪 70 年代，一直延续至今。在二、三年级时，孩子们会参加全国统一的测试，分为两个阶段。第一阶段考察阅读和数学，筛选出前 15% 的学生，第二阶段是针对阅读、逻辑

---

① 维基共享资源（Wikimedia Commons）: https://commons.wikimedia.org/wiki/Main_Page。

和认知能力的再测验，最后筛选出全国前 8% 的学生。

这部分资优生的教育并不是和普通学生分开的。在一些大城市的学校里设有针对资优生的特别班级，他们全天都接受资优教育，但也和学校里的其他普通学生一样参加各种校园集体活动。当然，课程的难度、深度方面肯定是有所区别的。还有采取另一种模式的资优生，他们大部分时间都和其他学生一起在学校正常上课，只在一周中的某一天或者下午的课外活动时间到当地的资优中心接受资优教育。资优中心通常和以色列的一些前沿科研院所合作，为资优生们提供科学、人文、艺术等课程，也提供与专家学者共同探讨学习的机会。

不难想象，资优生在集体学习中难免会遇到挫折和打击，有时会因为自己的表现而感到失落，陷入自我怀疑，所以，对于资优生来说，如何从挫折中学习、在挫折中提升自己也是一项重要的课题。老师和家长常常鼓励他们不要畏惧失败，要通过不断试错来找到正确的道路。尽可能地让资优生们在自由放松的环境下发挥创造力、挖掘潜力才是以色列资优教育的核心。

犹太教极端正统派独立的教育体系

除受到国家监管的公立世俗学校、公立宗教学校之外，还有一部分极端正统派犹太学生在独立的宗教教育体系中接受教育。

极端正统派是犹太教改革运动之后，从传统犹太教分裂出来的正统派的分支之一。他们恪守古老的犹太教义，拒绝任何变革，有自己独特的着装规范，讲意第绪语，生活在极端正统派犹太人自己的社区，以确保共同的犹太教特性。他们遵守宗教法律而不是国家法律，坚决反对犹太价值观与国家联系起来，大多数人不参加工作、不服兵役、不缴税，也反对以色列国的建立。因此，他们的教育体系也是独立的。

极端正统派内部也有不同的细分派别差异，各个派别基本都有自己的教育体系，但相同的是，他们都专注于宗教教育，忽视甚至排斥世俗教育。在极端正统派学校中，主要研修宗教经典，除数学和计算机之外，不学任何关于世俗内容的课程，包括现代科学文化和公民学，学生学习的完全是犹太教宗教知识。对极端正统派男子来说，学习《托拉》是"绝佳的也是最重要的犹太教体验"，是他们永远不能停止的义务。对《托拉》的学习也不会随着学校学习的终止而停下，大部分极端正统派男子会将一生都投入经典研习中。

在极端正统派犹太人看来，男性和女性存在不同的社会分工，男性应当成为虔诚的《托拉》学者，积极参与宗教事务，而女性则应该负起抚养孩子、照顾家庭的责任。所以，极端正统派学校从幼儿园开始就分为男校和女校。男校只有男性教师，主要课程是学习《托拉》等经典经文；女校只有女性教师，她们不被允许学习《塔木德》，而只需要对上帝有基础的了解，重要的是学习赚钱养家、获得工作的技能。

极端正统派教育体系以耶希瓦（Yeshiva）为核心，分为学前教育、塔木德托拉（Talmud Torah）、初级耶希瓦、耶希瓦、专为已婚男子开设的犹太经学院几大阶段。[①]

在学前教育阶段，极端正统派女童接受的教育与公立学校没有什么区别，男童则是在老师的教导下开始学习《托拉》和犹太民族文化知识，也学习了解其他的一些宗教文本。老师会通过孩子们乐于接受的讲故事、唱歌等方式，在学前阶段就重点强调宗教观念、学习宗教礼节规范，使孩子们在潜移默化中接受极端正统派的观念，培养极端正统派的气质。[②]

在小学阶段，女孩进入女子小学学习，男孩则需要进入塔木德托拉进行犹太经文、犹太法典等宗教教育，有时也会简单教一点基本的算数和文学知识。日常一般是上午讲习犹太经文，下午学习能够达到以色列教育部设定最低要求的世俗课程。低年级学习更多侧重于《希伯来圣经》和宗教礼仪，三、四年级时开始学习《密西拿》和《塔木德》，并且《塔木德》会占越来越多的比重。[③]

---

① 闫胜男：《以色列哈瑞迪派教育体系研究》，南京大学硕士学位论文，2018 年，第 2 页。

② 闫胜男：《以色列哈瑞迪派教育体系研究》，南京大学硕士学位论文，2018 年，第 28 页。

③ 闫胜男：《以色列哈瑞迪派教育体系研究》，南京大学硕士学位论文，2018 年，第 28—29 页。

以色列前总统鲁文·里夫林在开学之际访问极端正统派塔木德托拉学校①
Amos Ben Gershom 摄

　　中学阶段，男孩要上寄宿制的初级耶希瓦。每个犹太男子都要进入耶希瓦接受宗教教育，他们要切断和亲人、朋友、社会的一些联系，以耶希瓦的老师和拉比为模范，虔心学习犹太经典。在初级耶希瓦，男孩会被安排和一个同辈的伙伴一起进行《塔木德》的学习。也有一些学生会进入注重世俗课程的极端正统派高中学习，这类学校的学科设置和课程安排与公立学校就大体相同了，但也需要在上午进行宗教教育，下午学习世俗课程。无论进入哪种中学，极端正统派男子在高中毕业后都要进入耶希瓦学习。犹太男子如果婚后要将研习《托拉》作为职业，那就可以进入专为已婚男子开设的犹太经学院继续学习，接受以色列宗教事务部的津贴，不用从事其他的世俗工作。②

---

① 以色列政府新闻办：https://gpophoto.gov.il/haetonot/Eng_Default.aspx。
② 闫胜男：《以色列哈瑞迪派教育体系研究》，南京大学硕士学位论文，2018年，第29页。

耶希瓦学校的学生[①]　Kobi Gideon 摄

　　极端正统派教育体系的独立自治地位在 1953 年通过的《国家教育法》中已经得到了明确，这些学校也由国家为其提供必要的预算、服务和基础设施，还可以获得教育补贴和福利，也有小部分资金来源于西方犹太人和一些非营利性组织的捐赠。由此，极端正统派得以维持独立的囊括了幼儿园、中小学等所有层次的教育体系。

　　近年来，极端正统派学生数量占比总体呈上升趋势。但是，这样独立的宗教教育也带来了一些问题，比如，极端正统派学生在数学学科上非常薄弱，女性受教育权利受限，大多数教师都没有教授非宗教课程的资质，一部分课本已经落后于时代了，这让他们与社会存在着较大的鸿沟。目前，以色列政府也在尝试推行面向极端正统派的公立教育，既进行符合教派要求的高水平宗教教育，同时也会学习英语、数学、自然科学等"核心课程"，以帮助极端正统派年轻人融入社会，以及之后进入劳动力市场。

---

①　以色列政府新闻办：https://gpophoto.gov.il/haetonot/Eng_Default.aspx。

阿拉伯教育系统

正如前文所提到的,虽然阿拉伯人占以色列总人口的 20% 左右,拥有公民权,以色列教育部中也有特别的分支机构——阿拉伯教育司,但他们作为以色列国内的少数族裔,远离权力中心,教育一度处于以色列教育系统的边缘,面临着基础设施落后、教师资源短缺等问题。20 世纪 70 年代以来,以色列教育体系越来越承认多元化的社会现实,并且意识到,"平等"的内涵实际上是承认人们保留差异和特性的权利,所谓"平等的机会"并不是为了消除差异,而是尊重差异。[1] 随着这一时代精神的变化,以色列阿拉伯教育系统完成了多元化的改革,在教学语言、教材编写等方面都有了新的突破,旨在建立阿拉伯人和犹太人之间的有效沟通机制、增进双方的了解,鼓励阿拉伯人融入以色列社会、忠于以色列国。比如说,阿拉伯学生原本的希伯来语教材内容对犹太教阐述过多,与实际生活相去甚远,重新编写后的教材重点则放在了阿拉伯儿童在日常生活中经常接触到的社会环境,包括巴勒斯坦村庄的生活及以色列犹太人的社会生活,以色列和其他地区的犹太文化、伊斯兰教等。[2]

同时,阿拉伯语教育系统明确,其教学目标是在以下基础上开展教育的:阿拉伯文化及其科学成就,对以色列与其邻国之间和平的渴望,对以色列所有公民的共同国家的热爱以及对以色列国的忠诚(通过强调他们的共同利益并鼓励以色列阿拉伯人的独特性),对犹太文化相关的知识和创造性工作的尊重以及对建立自由、平等、互助和仁爱社会的愿望。[3] 由此,阿拉伯语教育系统成为以色列整体教育系统中不可缺少的一部分。

---

[1] 孟茹玉、韩丽颖:《以色列价值观教育的历史与实践》,《思想教育研究》2019 年第 5 期,第 140—141 页。

[2] 生堡钧:《以色列阿拉伯学校义务教育阶段希伯来语教学研究》,《以色列研究》(第 2 辑),2021 年,第 51—52 页。

[3] "Report of the Committee on Arab Education for the Eighties", Israel Ministry of Education, 1975. 转引自生堡钧:《以色列阿拉伯学校义务教育阶段希伯来语教学研究》,第 49 页。

阿拉伯学校的学生在上课① Moshe Milner 摄

---

① 以色列政府新闻办：https://gpophoto.gov.il/haetonot/Eng_Default.aspx。

　　阿拉伯语教育系统中大多数幼儿园和中小学学校属于世俗性质的公立学校。据统计，以色列建国时，阿拉伯定居点内只有45所小学和1所中学。经过70多年的发展，2021—2022学年，阿拉伯语教育系统拥有了667所小学和473所中学，[①] 以色列阿拉伯公民的受教育程度也远高于周边其他国家的阿拉伯人。

　　以色列的大部分阿拉伯人都是穆斯林，根据2015年的数据统计，穆斯林大约占以色列阿拉伯人口的79.6%，基督徒占7.5%，德鲁兹（Druze）人占7.9%，贝都因人占5%[②]。后两者都是阿拉伯人中的少数民族族群。

　　以色列的德鲁兹人数位列世界第三，仅次于叙利亚和黎巴嫩，大约15万人，集中生活在以色列北部。德鲁兹人信奉的是伊斯兰教什叶派主要流派之一伊斯玛仪派的一个分支，被许多正统伊斯兰教徒视为"异端"。同样的，德鲁兹人也并不认为自己是伊斯兰教徒。在以色列建国时，德鲁兹人被认定为属于阿拉伯人群体，所以德鲁兹学生也被纳入了阿拉伯教育系统。渐渐地，他们开始担心年轻一代德鲁兹人被阿拉伯人同化，造成与本派宗教传统和文化的疏离，所以开始要求德鲁兹人脱离阿拉伯教育系统。而且，德鲁兹人本身的宗教特性要求，不能在学校进行宗教课程的学习，所以他们要求以色列教育部为之设立独特的教学计划。1974年12月31日，"德鲁兹教育和文化委员会"成立，该委员会由德鲁兹人和犹太人组成，为德鲁兹人准备了特殊的教学计划，课程内容偏重于历史伦理而非宗教，规定德鲁兹学校主要讲授德鲁兹传统、德鲁兹历史和德鲁兹文化。[③]

　　贝都因人（Bedouin，源于阿拉伯语"badawi"或"badu"，意为"沙漠中的定居者"）是以氏族部落为基本单位，在沙漠旷野过游牧生活的阿拉伯人。以色列境内的贝都因人主要生活在北部的加利利、中部以及南部的内格夫。其中，北部和中部的贝都因人与周边阿拉伯

---

① 数据来源于以色列中央统计局。
② *Israel in Figures*, Central Bureau of Statistics, Israel, 2015, p.7.
③ 王宇：《德鲁兹社团与以色列国家的关系》，《阿拉伯世界研究》2014年第1期，第82—83页。

以色列卡梅尔山上的一所德鲁兹小学学生在上课[①]　Moshe Pridan 摄

　　穆斯林和基督徒的生活模式相近，定居化以及融合程度较高，南部内格夫地区的贝都因人更多保持了传统的游牧生活。[②] 起初，由于坚持游牧生活传统，贝都因人几乎没有接受现代教育。以色列建国后，采取重新安置政策，将散落的贝都因人聚集在城市，为他们开办了学校，建立了完善的教育体系，将贝都因适龄儿童纳入义务教育范围。随着与主流社会和其他阿拉伯社团的接触增多，贝都因人也逐渐认识到教育在现代社会的重要作用，其现代化进程逐步加快，学校数量和在校生人数都在不断上升。

　　从 20 世纪 80 年代开始，以色列政府为了消除犹太人和阿拉伯人之间的教育差距，制定了一系列"五年计划"，来增加对阿拉伯学校的财政资助，提高阿拉伯人的入学率。但不可否认的是，以色列的教学资源仍明显倾向犹太人，阿拉伯语教育系统在教师储备、基础设施、

① 以色列政府新闻办：https://gpophoto.gov.il/haetonot/Eng_Default.aspx。
② 王筱筱：《以色列内格夫贝都因教育的现代转型》，河南大学硕士学位论文，2021 年，第 7 页。

以色列内格夫沙漠城市拉哈特的贝都因学校[①]　Harnik Nati 摄

经费支持等方面都相对落后。根据 2005 年的一项调查显示，以色列政府在每一位犹太学生身上的教育投入为 1100 美元，而在每一位阿拉伯学生身上的教育投入仅 192 美元，阿拉伯学生的辍学率也是犹太学生的两倍。[②] 这在一定程度上制约了以色列阿拉伯人的发展，是以色列教育需要逐步解决的一个重大问题。

主流之外的私立或民办学校

以色列的特殊历史造成了当前国内社会构成的多样性，"多元文化"也一直是以色列社会的标签之一。来自不同文化环境、不同民族，持有不同立场的人们有着各自的教育需求，因此，除公立学校之外，以色列也有一些私立或民办学校。这些学校也会遵循国家规

---

① 以色列政府新闻办：https://gpophoto.gov.il/haetonot/Eng_Default.aspx。
② 肖宪、张庶：《以色列对国内阿拉伯人的政策及其成因》，《西亚非洲》2024 年第 1 期，第 95 页。

定的基本课程要求，但有更大的自主权，比如民主学校（Democratic Schools）、蒙特梭利式教育学校（Montessori Schools）、华尔道夫学校（Waldorf Method Schools）等，以满足部分群体的特殊需要。一些不会说阿拉伯语或希伯来语、有接受西方教育倾向的移民儿童就会选择以英语为教学语言的私立学校，不过这些学校通常会比公立学校更为昂贵，并且竞争也更为激烈。一些私立学校在招收学生前还会进行严格的考试，学生需要接受逻辑推理、英语能力、数学、科学等方面的测试，有时班主任也会参与对学生的面试。

近几十年来，以色列的多元文化使社会面临着各方面的影响和危机，包括犹太人和阿拉伯人之间的冲突、宗教和世俗之间的冲突加剧，移民劳工融入以色列社会困难重重，犹太人内部加速分化，等等。在此背景下，以色列国内一些有着独特教学理念的教育者发展出了许多主流之外的学校，试图弥合不同群体之间的鸿沟，"修复"以色列社会的裂痕。这些学校可以说是由以色列多元文化造成的一大教育特色。[①]

（1）犹太学生和阿拉伯学生共同学习的内夫沙洛姆小学

在特拉维夫和耶路撒冷之间的一座小山上，有一个犹太人和阿拉伯人共同居住的村庄，叫作内夫沙洛姆（Neve Shalom，中文意思是"宁静绿洲"），存在 40 余年了。在这里，信仰犹太教、基督教和伊斯兰教的人们和平共处。1984 年，内夫沙洛姆建立起了第一所小学，招收村庄里 1~6 年级的适龄学生，包括犹太人和阿拉伯人，这也是以色列境内唯一一所犹太人和阿拉伯人一起同班学习的小学。

考虑到学生群体的特殊性，内夫沙洛姆学校在以色列教育部的框架之下制定自身的教学大纲，采用希伯来语和阿拉伯语进行双语教学，教授历史、文学、艺术、宗教等课程，当然也有用英语教学的课程。这种双语教学方式让犹太学生和阿拉伯学生能够同时接触到对方的语言和文化，这对生活在以色列的阿拉伯人来说或许不是稀罕事，但以色列境内的犹太人却很少有机会接触到阿拉伯社会和文化。内夫沙洛姆小学则让犹太人和阿拉伯人在幼年时期就能平等地了解彼此的文

---

① 本部分内容参见耶胡达·巴－沙洛姆：《以色列教育：多元文化社会中的教育创业》，施歆文、鲜非霏译，南京：南京大学出版社，2024 年。

内夫沙洛姆村庄景色① Howard Shippin 摄

化，从而更能接受和理解对方，而不至于在上大学期间才抱着对对方一无所知的心态相遇。因为能在每天的日常生活中与对方接触，所以，在遭遇民族冲突之时，犹太孩童和阿拉伯孩童能从更广泛的角度来思考冲突的结果，而不是简单地将自己的身份建立在犹太人和阿拉伯人的民族区别之上，对任何一个对方民族的人都抱有敌意甚至憎恨，这为遏制民族争端提供了一种新的方式。内夫沙洛姆村庄和小学似乎都是乌托邦一样的存在，这种共同生活、共同学习的方式为加深犹太人与阿拉伯人之间的理解做出了一定贡献，为应对甚至改变双方冲突现状创造了可能性。

不同宗教群体的孩童在一起学习生活势必会面临不同仪礼、节日的考验，例如，对于犹太人来说是欢欣鼓舞的以色列建国日，却是阿拉伯人的灾难日（Naqba）。如何应对同一天不同民族纪念活动的多

① 维基共享资源（Wikimedia Commons）：https://commons.wikimedia.org/wiki/Main_Page。

内夫沙洛姆小学的"彩虹桥"① Djampa 摄

重性，如何在同一所学校举办多个不同宗教的节日，乃至于如何开办
一所希伯来语和阿拉伯语的双语学校，都是内夫沙洛姆学校所面临的
挑战。这就要求学校对于课程设置、校内活动安排等做出创新性和革
命性的变革，以应对以上种种难题。这也对在内夫沙洛姆学校任职的
老师提出了更高的要求，他们需要是一个具有高度自我意识的人，需
要是一个有政治意识、创造力、情感智力的人，需要具有应对各种不
确定情况的行动能力。未来，学校还希望扩大办学规模，开设初中甚
至高中，希望获得教育部的认可。在这些方面，内夫沙洛姆学校也正
在努力做出调试和改变。

（2）致力于缩短信教学生和世俗学生距离的科谢特学校

除犹太人和阿拉伯人的区隔外，犹太人之间也会因为宗派倾向不
同而产生教育观点上的差异。在以色列建国初期，宗教因素在以色列

---

① 维基共享资源（Wikimedia Commons）: https://commons.wikimedia.org/wiki/Main_Page。

科谢特学校[①]　Amichai 摄

政治中扮演着相当重要的角色，这导致了其后以色列社会的许多阶层，特别是世俗犹太人中反正统情绪的增长。他们倡导公民精神和西方自由，反对宗教参与政治生活，而坚定信教的犹太人则质疑世俗犹太人的犹太信仰，两方之间的裂痕持续扩大。极端正统派社区作为一个封闭的社会，更是尽一切努力避免让孩子接触到世俗世界的文化和价值观。所以一般来说，世俗犹太人和宗教犹太人的孩子是在不同的教育体系中学习的。这两个群体之间缺乏相互的理解，阻碍了他们的积极接触与和睦相处，耶路撒冷的科谢特学校（Keshet School）就是为了缩小世俗犹太人和宗教犹太人间的距离而建立的，世俗犹太人的子女和宗教犹太人的子女在这里一起学习。

　　科谢特学校的口号是"与他者接触"，它并不是想消除或者模糊两者之间的差异，而是通过日常的学习相处培养孩子们对他人的宽容，同时加强对自身身份的认同，这一点与内夫沙洛姆学校很相似。选择

①　维基共享资源（Wikimedia Commons）: https://commons.wikimedia.org/wiki/Main_Page。

科谢特学校的宗教犹太人也并不是极端正统派，他们对世俗世界是持开放态度的，因而寻求与世俗犹太人的互动，让孩子们更好地适应以色列社会。

科谢特学校在教育中强调不同犹太传统之间的相遇，也认同每个传统都有其独特的仪式和神话。学生们会被邀请去"访问"另一种传统，以增进对另一种传统的认识，但传统身份的转变是不被鼓励的。在科谢特学校里，信教的犹太学生可以继续遵循其宗教传统，在专门的场所里进行活动。同一时间，世俗的犹太学生则可以"创造"出其他的传统，比如每个学生都必须参与的班级集会。在集会上，孩子们要勇敢说出自己的想法，勇敢地向其他人表达。渐渐地，班级集会也开始接纳信教的学生。世俗学生和信教学生在集会或祷告结束之后会重新聚在一起，老师们也会对集会和祷告中学生们关心的问题展开进一步的讨论，让双方都感受到自己是班集体的一分子，在班集体中获得归属感。孩子们在学校里得到的理解也会传递给他们的家长，让家长们审视自己的身份，进而丰富整个家庭对自身身份的定义。

同样的，为了满足不同学生群体的需求，科谢特学校在制定课程时也需要很大的创造力和独创性。上文中我们说到，以色列有公立的世俗学校和宗教学校教育体系，但并没有将两者结合起来的课程，所以，科谢特学校正在开发一项适合他们的教育计划。老师们将采取开放和多元化的教育方式，将自己视为教育过程中的积极调停者，视为孩子们学习的合作伙伴，培养他们独立学习的能力，也让他们认识到不同的个人有着不同的学习方式，每个人都要找到最适合自己的方式。

（3）接纳移民劳工子女的比亚利克学校

位于特拉维夫市中心的比亚利克学校（Bialik School）面向的学生群体则完全不同。在这所学校里，外来务工人员的子女占大多数，他们来自几十个不同的国家，和父母一起来到以色列，甚至有的是孤身前来，或许来此的目的并不相同，有的是为了逃离贫穷，有的是为了躲避迫害，但同样的是，他们都在为适应以色列这个"新大陆"的生活而挣扎。

在比亚利克学校，孩子们的背景更加多元了，所以它也同样面临

着为这些身份背景迥异的学生们设计课程的挑战。比如，该如何教授
《希伯来圣经》这样的经典宗教文本？显然，圣经研究的常规模式并
不适合包含如此多不同传统的学校，因此，比亚利克学校的老师们通
常会采用跨文化比较的方法来进行教学。相同的一段叙事文本在不同
文化中有不同的阐释，孩子们在课堂上的学习就能够据此展开。再比
如，在地理课上，孩子们在其他国家的生活经历也会成为生动鲜活的
例子。老师鼓励孩子们在课堂上发言和分享，也会通过让孩子们进行
项目研究来培养他们的学习习惯和风格。这些项目通常不局限于某一
个特定的知识领域，而是根据孩子们个人的研究兴趣展开，可以是天
文宇宙等与科学相关的主题，也可以是人际关系、生活艺术等人文主
题，都是由孩子们自行决定的。有时，几个不同年级的学生会组成研
究小组，就一个中心主题一起进行一个联合项目的研究。通过这样的
方式，老师不再是传递知识的工具，学生也不是接收知识的容器，知

比亚利克学校开放日①　Itzik Edri 摄

---

① 维基共享资源（Wikimedia Commons）：https://commons.wikimedia.org/wiki/Main_Page。

识的汲取以一种主动的方式进行着，并在不同参与者的互动间发展着。

比亚利克学校学生们的父母大多是外来务工人员，他们的处境并不乐观。虽然政府会提供一定的政策补贴，但他们总是被贫困所扰，要为了生计长时间奔波，而这些家庭中又有相当一部分是单亲家庭，所以孩子们从父母那儿得到的陪伴很少。另一方面，当地人对他们的态度也并不十分友好，曾经发生过特拉维夫当地的一些家长反对移民与他们的孩子同班上学的情况。因此，作为移民劳工子女，孩子们在这里始终缺乏认同感。这时，比亚利克学校的老师们就会扮演部分家长的角色，与孩子们产生情感联结，正如学校校训里写的，"这所学校的老师爱孩子"。孩子们也会对老师们表达自己的情感和关注，这样亲密的交流和联系在其他学校里是很少见的。比亚利克学校的老师们除承担教学任务之外，还要学会理解学生群体的多样性，尽可能地照顾到每个孩子的情感需求，努力给予孩子们支持和帮助，以此帮助他们建立起对学校，以及所在社区，乃至整个以色列国的归属感。

（4）消除东方犹太人身份耻辱感的科德玛学校

与比亚利克学校类似，位于耶路撒冷的科德玛学校（Kedma School）的学生也遭受着一些污名。他们大多来自欠发达地区的东方犹太人（Mizrachi，也被称为"米兹拉希犹太人"）家庭，是中东、中亚等地区的犹太人的后裔，其中也有很多人原本居住于阿拉伯国家。在历史上，流散于世界各地的犹太人形成了三大分支——米兹拉希犹太人、流散于西班牙等地的塞法迪犹太人（Sephardi）和流散于欧洲的阿什肯纳兹犹太人（Ashkenazi）。中世纪时，东方犹太人和塞法迪犹太人人口众多，是当时犹太世界的中流砥柱。但到工业革命之后，生活在欧洲这个相对宽松环境里的阿什肯纳兹犹太人逐渐崛起。这一支犹太人在现代以色列国的建立过程中发挥了重要作用，提供了大量人力、财力支撑，在以色列建国后也一直把持着政治主导，致使以色列社会强烈抵制阿拉伯化。所以，尽管以色列社会已日趋多元，但犹太人各个族群间的矛盾和裂痕仍然存在，不同族群得到的社会资源也大相径庭。东方犹太人和塞法迪犹太人因其曾生活在阿拉伯的经历而遭受歧视，东方犹太人的子女在以色列社会中也被疏远、被忽视，科

科德玛高中①

德玛学校就是为这些孩子开办的，其目标是纠正当前教育资源不平等的问题，让孩子们享有平等的受教育机会。

在过去几年中，科德玛学校的老师开发出了一套语言和文化课程来培养学生的学术能力，帮助他们塑造积极的自我形象，提升文化自豪感。这套课程结合了涉及阿拉伯文化的东方犹太人文本和一般的通用文本，学生们在两类文本的阅读比较中发现族群文化遗产的价值，与他们所受到的边缘化和被压迫遭遇对抗，从而在以色列社会的多元文化体系中找到自己的位置。在这一过程中，老师的角色很重要，因为他们需要理解学生们在遭遇不平等对待，面对学业、社会、经济等多方压力时产生的情绪，给学生们提供适时的支持，而绝对不能抱着刻板印象来教学。

（5）给予学生自主选择空间的民主学校

民主学校并不是以色列独有的，在英国、美国、德国、加拿大、

---

① https://kedma-edu.org.il/kedma-high-school/.

澳大利亚等国家都有民主学校。1987年，以色列的第一所民主学校在哈代拉创立，这也是世界上第一所民主学校，迄今已有30余年的历史。在民主学校里，孩子们有充分的自主选择权，只要他们的行为不伤害其他人和环境，就有权做任何自己选择的事情。在这里，学习的概念是非常宽泛的。学校每周会提供各种各样的课程，孩子们可以自由选择参加或不参加。他们可以自主选择学习的内容和方式，自主规划个人学习时间表，不一定要集中参加课程，也不一定要有老师提供教学，因为学习可以以其他方式进行，比如说对话、实验等。但是，一旦选定了一门课程，那就一定要参与到底，为自己的选择负责。学校的学习中心是全天开放的，有老师，有教材，孩子们可以在任何时间来这里学习，不需要事先预约或安排。学校的管理机制也是民主的，没有通常意义上的校长，孩子和家长都能以议会的形式参与学校事项的决

哈代拉的民主学校① Eduevokrit 摄

---

① https://commons.wikimedia.org/wiki/File:Democratic-school-of-hadera.jpg.

策，对相关话题进行公开的辩论和探讨。在青少年时期就参与民主管理的这一经历会让孩子们在毕业后也有极大的兴趣参与到其他系统的管理和决策中。

可能有很多家长不敢想象孩子在这样的学校环境下成长。家长们会担心，给了孩子自主选择的自由之后，孩子是不是会把所有的时间都花费在玩耍上，根本不花时间学习？有些孩子在一开始确实如此，沉浸在学校提供的极大自由之中，几乎所有时间都在玩耍。但过段时间，一些孩子可能就会发现自己确实想学习了。能经受住自由的"诱惑"和"考验"的孩子，往往能在这样简单放松的环境里发展出更高的领导力，培养出自己的创造性思维和自信感，这也是哈代拉民主学校的教育目标。

总的来说，这些学校的开办大多都与创始人的教育理念和个人经历有关，比如说，科谢特学校的创始人鲁蒂·列哈维就生活在一个宗教与世俗混合的家庭，科德玛学校的创始人克拉拉·约娜饱受文化敌对环境带来的痛苦，个人经历促使其寻求改变的途径。

由于面向群体的特殊性，教育部制定的教学大纲不一定完全适用于这些学校，因此，课程的设置安排对他们来说就是一个必须要思考和解决的问题。他们往往会基于学生群体所面临的普遍情况来开设不同的课程，将学生们的背景、经历融入课程教材之中，并且在与学生们的互动中不断做出相应的调适。这对老师们的要求就更高了，他们需要具有开放的思想、高度的文化和政治意识，以应对以色列社会不断变化的需求。他们很可能需要长时间的工作来备课和准备学习材料，因为每个班的学生、每一届的学生都是不同的，因此，老师们的工作是相当具有创造性和变化性的，在教学相长中提升个人的价值。在这些学校中，教育的情感层面尤为重要。与普通学校相比，这些学校里的学生与学生之间、学生与老师之间、家校之间的关系都更加紧密，他们给予彼此关心关爱，互为支撑。学校与所在社区也有着深厚的联系，他们在尝试改善与周边社区的关系，同时也在影响着周边社区。孩子们都被视为有自己需求的独特个体，而不是追逐成绩的工具，老师们很注重个性化的培养方式，以促进孩子们在身体、情感、智力等方面的全面发展，帮助孩子们更好地理解自身文化传统，也更好地接触和融入以色列社会。

虽然数量不多，但这类学校都是针对以色列社会目前所表现出来的一些具体问题、满足特殊群体的特殊需求而存在的，都在为修复以色列社会的裂痕努力，一定程度上也体现了以色列多元文化社会的特色，体现出犹太传统对个人发展的重视。

以色列的"高考" ①

在以色列的公立学校中，小升初、初升高都没有大规模的标准化测验，大多数高中生只有在高中毕业时才会参加一场影响到升学的考试，名为 Bagrut，通常也被称为"预科考试"或"高中毕业考"。以色列高中毕业考的考试构成及模式类似于中国的高考 + 会考，测试的是学生在整个中学阶段所积累的知识。高考试卷由以色列教育部出题和评估，从而在全国范围内建立了衡量学生知识水平的标准，是高等教育入学的强制性要求。必考科目有希伯来语或阿拉伯语语言和文学、数学、英语、历史、公民学等。下表是希伯来语教育体系的 Bagrut 考试科目。

必修科目	最低学分要求
公民学	1
希伯来圣经	2
希伯来语文学	2
希伯来语语法	1
希伯来语写作	1
以色列历史	2
英语	3
数学	3

---

① https://www.jewishvirtuallibrary.org/quot-bagrut-quot-matriculation-exams.

正在参加高考的学生^①　Omrihayu 摄

　　各类型学校的必修宗教经典是不同的，公立世俗学校是《希伯来圣经》，公立宗教学校是《希伯来圣经》、口传律法和《塔木德》，阿拉伯学校是穆斯林、基督教或德鲁兹文化和遗产。除了这些教育部规定的核心科目，每个学生至少还要选修一门与自己的高等教育学习课程相关的科目，比如地理、物理、化学、生物、计算机科学、法语、社会研究等学术类科目，以及会计、建筑、管理、经济学、旅游、视觉艺术、电气、机械、土木工程、微生物学等技术类科目。每门科目从易到难分别为 1~5 个学分要求，每一个学分都需要 90 课时的学习。

　　考试得分会以等级划分评定，比如，95~100 分属于"杰出"，85~94 分属于"很好"，75~84 分是"好"，以此类推，45 分是及格线。如果学生有以下情况，那就不能通过高中毕业考了：（1）任意一门必修课的得分低于 40 分；（2）希伯来语语法或希伯来语写作的得分低于 45 分；（3）除希伯来语语法和希伯来语写作之外，有两门必修科

<hr>

① 维基共享资源（Wikimedia Commons）：https://commons.wikimedia.org/wiki/Main_Page。

目的得分低于 45 分；（4）选修科目的得分低于 45 分。当通过考试的科目学分总数达到 21 个学分，并且其中至少有一门选修科目达到 5 个学分时，才能获得高等教育资格。在希伯来语教育系统中，有几乎一半的学生都倾向于选择英语作为自己的 5 学分选修科目。2021 年的数据显示，有 47.4% 的学生选择了英语，18.0% 的学生选择了数学，16.6% 的学生选择了生物，12.6% 的学生选择了物理，10.2% 的学生选择了化学，还有 9.4% 的学生选择了计算机科学。但在阿拉伯语教育系统中，学生的选择倾向有所不同。选择英语的学生占 26.0%，其次是生物，占 25.3%，第三倾向是化学，占 19.2%，选择数学和物理的各占 10% 左右，选择计算机科学的最少，占 6.2%。[①] 而要被大学录取的话，学生还需要在相关的科目上获得比上述规定更多的学分。比如说，如果想攻读学术学位，学生必须要在英语科目上获得 4 个学分，在数学科目上获得 4 或 5 个学分。

以下提供 Bagrut 英语考试结构和 1 篇阅读示例，供读者对比。Bagrut 英语考试分为四个部分。以 3 学分的英语考试为例：第一部分占整张试卷的 27%，考察阅读理解和听力理解，各占本部分的 70% 和 30%；第二部分占整张试卷的 26%，考察文学，包括 1 首诗歌（30%）、2 个故事（50%）和 2 篇书评（20%）；第三部分占整张试卷的 27%，考察阅读理解和书面表达，各占 70% 和 30%；第四部分口语占 20%，包括 1 个项目和 1 个采访，各占 60% 和 40%。4 学分和 5 学分的英语考试各个部分包括的题型基本一致，但在各个小类别题目的数量和比例上有所差异。比如，4 学分英语考试的文学部分包含了 3 首诗歌、3 个故事和 4 篇书评；5 学分英语考试的第三部分中，阅读理解和书面表达在该部分的占比为 60% 和 40%。[②]

---

① 数据来源于以色列中央统计局。
② https://mosinzon.tik-tak.net/wp-content/uploads/sites/304/2017/08/All-you-need-to-know-about-the-English-Bagrut-English-.pdf.

【2021 年 1 月 28 日英语 Bagrut 考试例题 ① 】

תיכון יצירתי לתקשורת

11ᵗʰ Grade

ת"ז _____

בחינת מתכונת #1 – 28.1.2021

PART I: ACCESS TO INFORMATION FROM WRITTEN TEXTS (70 points)

קראו את הקטע שלפניכם פרק ראשון: הבנת הנקרא וענו על השאלות 1-8 שאחריו

Read the article below and then answer questions 1 – 8.

DOGS AT WORK
By Rhonda Abrams

I Do you know that January 23 is a special day for dog lovers? It is "Take Your Dog to Work Day." On that day all companies let workers bring their dogs to work. In fact, there are many good reasons why a company should let workers bring their dogs to work every day.

II The first reason is people love their pets and are happier at work when their dogs are with them. Happy workers do their work better. Secondly, other workers can play with a dog and enjoy a few minutes with it. This helps them relax and feel better. Thirdly, people get up and move around more when there are dogs in the office. Workers are healthier if they walk around a few times every day. Fourthly, dog owners can stay late at work. They don't have to go home early to feed their pet and take it for a walk.

III People can learn a lot from dogs. Dogs are loyal, patient and accept people as they are. Dogs also know how to say thank you when people do something nice for them. They wag their tails or lick our faces to show they are thankful. Dogs can teach us to thank people who do something nice for us.

IV At my workplace, every day is "Take Your Dog to Work Day" because dogs are always welcome. I bring my dog Zuzu to work with me all the time. I work for a small company but we have five dogs in the office. Zuzu and I love going to work every day

---

① https://www.liveworksheets.com/node/6599135.

תיכון יצירתי לתקשורת

Answer questions 1-8 in English according to the article. In questions 1, 2, 5 and 8,
circle the number of the correct answer. In the other questions, follow the
instructions.

ענו באנגלית על שאלות 1-8 על פי הקטע. בשאלות 1, 2, 5 ו-8, הקיפו את המספר של התשובה
הנכונה. בשאר השאלות, ענו על פי ההוראות.

1. In paragraph I we learn (-).   (7 pts.)
     i) which companies like to have dogs at work
     ii) when workers can take their dogs to work
     iii) where dog lovers like to work

2. Why is it good for companies to let workers bring their dogs to work?
(paragraph II)   (7 pts.)
     i) The companies are more popular.
     ii) The workers do a better job.
     iii) Dogs are happier at the workplace.

3. How can dogs at work help people be healthier? (paragraph II) ANSWER:
    (8 pts.)

....

....

4. Why can people who take their dogs to work stay there longer?
(paragraph II) ANSWER: (8 pts.)

....

....

5. What can dogs teach people? (paragraph III)   (8 pts.)
     i) To accept others.
     ii) To love their work.
     iii) To do things well.

6. How do dogs thank people? Give ONE way. (paragraph III) ANSWER:

(8 pts.)

....

7. PUT A √ BY THE **TWO** CORRECT ANSWERS.   (2X8=16 points)
What do we know about the writer's workplace from paragraph IV?

.... i) The name of the company.
.... ii) How many people work there.
.... iii) How many dogs come there.
.... iv) Where the company is.
.... v) When the company lets dogs come.

8. The writer thinks that (-).   (8 pts.)

　　i) there are too many dogs at her workplace
　　ii) it is a good idea to take dogs to work
　　iii) not everybody likes to have dogs at work

　　除教育部统考的高中毕业考之外，学生还可以完成一门或多门由各自的学校开设并进行评估的期末考试。体育是最常见的，其他则根据各个学校所教授的不同科目来定，包括宗教经典、语言等，这也与不同的学校类型有关。

地理高考试卷① Israel Peled 摄

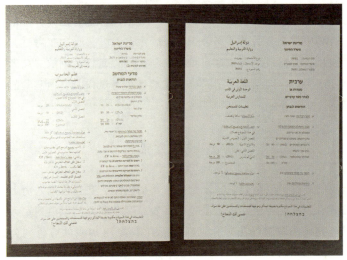

阿拉伯学校的高考试卷② Samirdaoud 摄

---

① 维基共享资源（Wikimedia Commons）: https://commons.wikimedia.org/wiki/Main_Page。
① 同上。

　　最终的高考通过证书由以色列教育部、文化与体育部联合颁发，列出了统考的所有科目，以及学生在每个科目上获得的学分和成绩。在学校进行的各科期末考试成绩则另列一页，同样包含了科目、学分和成绩等信息。据统计，2011 年时，有 48.3% 的 17 岁学生通过了高中毕业考；2014 年有 65.5% 的以色列高中生或个人（通常是服完义务兵役才去申请高等教育的人）通过了高中毕业考并获得了证书；2019年，在达到高中毕业年龄的人中，有 76.1% 取得了高中毕业考通过证书。新冠肺炎疫情全球大流行后，以色列学生无法像往常一样上学，所以高中毕业考的考核内容整体缩减，来保证较高的通过率。

　　高中毕业考还不是以色列"高考"的全部，它只是证明学生已具备高等教育入学资格的证书，是学生能在以色列接受高等教育的先决条件。高中毕业考的成绩也是学生申请军事单位和学术机构时需要审查的标准之一，与此同时，其他标准也是需要被考量的，包括学生就读高中期间的成绩和大学入学考试（Psychometric Entrance Test，简称 PET）成绩。PET 考试题型类似于中国的一些求职笔试，分为三个科目：语言逻辑、数学推理和英语。除英语写作部分之外，全都是单选题。高中生必须通过了高中毕业考后才有资格参加 PET 考试，每年有多次机会，而成绩有效期可维持 7 年。所以，以色列的"高考"并不是一次考试，而是涵盖了必修和选修课程考试以及其他测验的综合性筛选。

下一站，军营 [1]

　　我们常说，以色列是一个全民皆兵的国家，在以色列大街上，也常常能看到背着背包、挎着步枪、身着草绿色制服的以色列军人。根据以色列《国防服役法》，原则上所有年满 18 周岁的以色列公民或永久居民（无论男女）都必须加入以色列国防军服役。德鲁兹男性必须服兵役，其余阿拉伯公民不被征召，但可以自愿入伍；犹太教极端

---

[1]　本部分可参见张鋆良：《以色列国防军》，南京：南京大学出版社，2022 年。

正统派的哈瑞迪人也被免除兵役服务。所以，除上述特殊情况之外，大多数以色列高中生在完成高中学业之后的下一站并不是大学，而是兵营。在高中期间，军队生活也是学生们经常讨论的一个中心话题，退伍之后，他们才开始准备大学申请。

目前，以色列国防义务兵的服役年限一般为男性不超过 36 个月，女性不超过 24 个月。在进入部队之前，以色列高中生要通过一系列身体和精神测试，测试结果将作为兵种和部队分配的依据，不同部队的选拔和培训甚至在他们升入高二或高三的时候就开始了。以色列国防军有一个精英情报单位，叫作 8200 部队，隶属于国防军总参谋部军事情报局，负责向以色列政府和国防军提供信号情报和信息保障。这个部队对以色列高中生的筛选是严苛的，第一关是考量学生的专业

在国防军服役的年轻人们　提供单位：以色列国防军 ①

---

① https://upload.wikimedia.org/wikipedia/commons/7/71/Flickr_-_Israel_Defense_Forces_-_Taking_a_Break.jpg.

技能、资质，以及家长的收入和背景，对高中生候选人进行初选。第二关则是针对不同专业领域进行测试，包括电子信息技术、语言等，甚至还会通过模拟情景来考察高中生的应变能力。第三关类似于我们的政治审查，通过前两关的高中生必须填写许多文件资料，详尽地向部队阐明自己的交友关系和亲友网络。最后，进行综合评估，筛选出合适的人选。

以色列国防军还有一个超级精英计划叫作"塔皮奥特"（Talpiot），这个词源于《希伯来圣经》，意为"高台"，要入选这项计划十分困难。每年，军方会从各个高中推荐的高中生里先筛选出 1% 的尖子生参加选拔，他们要接受心理和智力测试，通过测试的大概只有 10%。之后，这些学生会再接受人格和能力的集中测验，最终能够加入塔皮奥特计划的学生最多只有 50 位。这部分学生会在国防军和希伯来大学的合作项目中进行科技和创新训练，接受 3 年高等教育，在取得数学或物理学位后被分配到各军种再服役 6 年。这部分学生可以说是精英中的精英了，在部队退伍之后，他们也往往会运用自己在服役期间学习到的技术和经验用于创新创业，成为顶尖的科学家和优秀的企业家。

所以，如果认为以色列国防军的任务只有打仗就错了，像 8200 部队和塔皮奥特这样科技含量高的部队并不在少数，它们极大地培养了以色列青年学生的创新意识和技能。除此之外，兵役作为以色列青年进入大学或迈入社会之前的最后一个环节，对他们的人格塑造也发挥着重要作用。艰辛的军旅生活会磨炼青年学生的坚韧意志，会培育和加深青年学生的爱国精神和公民意识。他们在军队学会了守纪律、担责任，学会了平等相处、团结合作。所以说，只有服过兵役的人才是一个成熟的大人，兵役作为以色列青年进入大学或步入社会前的最后一站，才是以色列基础教育的结束。

书本之外的课堂

价值观教育

由于民族的历史遭际，以色列各阶段的教育都非常注重以爱国主义为核心的传统道德与价值观教育，这是以色列教育的永恒主题。

在进入以色列的大量移民中，许多青少年也许对以色列的历史和犹太民族的遭遇了解有限，所以从儿童时期对青少年进行系统的爱国主义教育是有必要的，如此才能让新一代的以色列人牢记民族历史，使犹太传统得以传承。以色列教育部部长莉莫尔·利夫纳特曾说："无视历史不等于贡献和平，而是无知。"因此，在基础教育阶段的必修课程中，有犹太经典学习，也有历史、地理、人文及社会的介绍。这些课程有助于让年轻一代了解历史遗产，培养年轻一代的爱国精神和民族自尊心。

此外，以色列教育部在制定教学大纲时也给予了价值教育充分的重视，要求所有科目都要突出价值观教育，如人文主义、犹太价值、平等价值等。针对以色列的青少年问题，道德教育也被要求提高比重，尤其要教导学生反对校园暴力、反对携带武器和毒品、加强心理辅导。

价值观教育的形式并不只有课堂教学，场所也不仅仅局限于学校。以色列的中小学会经常组织学生前往博物馆、纪念馆、展览馆等爱国主义教育场所接受教育，比如耶路撒冷犹太人大屠杀纪念馆（Yad Vashem）就是开展大屠杀教育的重要场所。

大屠杀教育

1963 年，以色列教育部就专门设立了公共委员会，讨论大屠杀教育内容的制定工作，并开始在中小学开设相关选修课程，编写围绕大屠杀教育的历史教科书。贝京上台后，推动了大屠杀教育逐步深入化，原先的相关课程从选修变为必修，在非正规教育中其重要性也日益凸显。1985 年开始，大屠杀成为以色列高中教育的必修内容，以色列政府也为学生们选定了专门的教材，例如《大屠杀与记忆》《大屠杀：记忆之旅》。除讲述大屠杀历史知识之外，学校注重介绍不同的论辩观点，促使高中学生思考大屠杀对以色列人自我认知的作用。

耶路撒冷犹太人大屠杀纪念馆（Yad Vashem）是由以色列官方根据 1953 年议会通过的纪念法令而设立的，在 20 世纪 70 年代由最初的档案馆改为博物馆。馆中有纪念堂、历史博物馆、档案馆、犹太教堂、教育中心等地，还专设一处纪念那些在大屠杀期间承担着巨大风险援救犹太人的"国际义人"。它既承担了教育功能，又为前来参观的人们提供相关的研究服务，为教育者和研究者组织培训和学术会议、出版学习指南和书刊，目的在于让人们充分了解大屠杀历史。大屠杀纪念馆中的地下画廊里陈列着许多真切的照片、视频和证物，对儿童来说过于具有冲击力，所以 10 岁以下的孩子是不被允许进入馆内的。学生到了八年级时，以色列学校才开始组织他们前往参观学习。

20 世纪 80 年代开始，以色列教育部每年都会以"生存之旅"为名，组织以色列学生代表团前往波兰参观集中营等纪念场所，包括奥斯维辛和波克瑙的集中营旧址、华沙起义广场、隔都残垣、犹太公墓等地，探寻大屠杀遗迹，实地了解相关历史知识。这种"场所教育"采用让学生亲身体验的方式变被动灌输为主动学习，提高了大屠杀教育的效果，也强化了犹太青少年与犹太民族历史、以色列国家的联系。

如今，大屠杀教育的相关内容也出现在了教育部为幼儿园制定的课程计划中，目的是努力将有关国家历史、文化的知识教授给幼儿，

家长带孩子们参加纪念活动① Mark Neyman 摄

让这些内容成为幼儿教育的有机组成部分。课程和教材的不断修订，也让大屠杀教育内容更深入地融入中小学对学生的价值观教育之中。

　　社会和家庭在价值观教育中也扮演着不可或缺的角色。以色列的各级学校都重视与家庭的沟通，经常举办家长见面会，深入了解家长的需求和想法，争取家长的配合与支持。犹太人有很多与历史相关的纪念性节日，每到节日，青少年就会在家长的领导下学习相关经典，在家庭、社区、学校参加各类庆祝活动，在节庆仪式中加强价值观教育，逾越节家宴就是一个很具有代表性的例子。

逾越节晚餐

　　逾越节是为了纪念摩西带领古代以色列人出埃及的节日，在每年犹太历尼散月（大约在公历三四月份）十四日黄昏时举行。在这一天

---

① 以色列政府新闻办：https://gpophoto.gov.il/haetonot/Eng_Default.aspx。

晚上，家人们会聚在一起享用逾越节的晚餐（seder），期间有着复杂的程序，每一道程序和菜品都是具有象征意义的。比如，苦菜是用萝卜、苣荬菜、辣根、山葵等制作的菜泥，象征着古代以色列人在埃及为奴时的艰辛；甜泥酱用葡萄酒、苹果、坚果等制成，意味着犹太人在埃及做泥瓦工的经历，表示苦尽甘来。孩子需要全程参与晚餐，并且还有独特的环节。家长会事先掰开一块无酵饼，把其中一半藏起来，让孩子去找，并且给孩子重述犹太经典中逾越节的故事。孩子还需要向家长提问："为什么今天晚上和其他晚上不同？为什么其他晚上我们吃有酵饼，今天晚上却只吃无酵饼？为什么其他晚上我们不蘸盐水吃，今天晚上却要蘸两次盐水吃？为什么其他晚上我们都是坐着吃饭，今天晚上却倚着吃饭？"利用平等身份的提问和对话教育，一方面培养孩子的好奇心和提问精神，另一方面则是以这样的仪式传承犹太传统，重申和感悟犹太历史，从而加强对孩子的价值观教育。

孩子们在逾越节阅读经典故事① Moshe Pridan 摄

---

① 以色列政府新闻办：https://gpophoto.gov.il/haetonot/Eng_Default.aspx。

通过多种渠道和方式，价值观教育传递给孩子的不仅仅是知识，还有文化、情感、认同和责任。

STEM 教育

依靠其创新驱动的高科技领域，以色列的经济蓬勃发展，平稳度过了 2008 年的金融危机。2009 年，赛诺和辛格出版《创业的国度：以色列经济奇迹的启示》（*Start-Up Nation: The Story of Israel's Economic Miracle*，2010 年中信出版社"创新书系"出版该书中文版）一书，迅速登上了《华尔街日报》和《纽约时报》的畅销书排行榜，并被翻译成 20 多种语言。那时，以色列的"奇迹"已是一个有待破解的谜题，这本书回答的问题就是：究竟是什么让以色列——一个在当时仅有 710 万人口、自然资源匮乏的国家——产生了如此多的高科技创业型公司，甚至比加拿大、日本、中国、印度、韩国和整个欧洲大陆都多？为什么以色列人均吸引的风险投资资本是美国的两倍多，是欧洲的 30 倍？这本书也引起了与以色列教育有关的讨论，尤其是学校里实行的 STEM 教育，因为正是这样的教育为以色列成功的高科技经济培养了大量人才。

STEM 教育指的是科学（S）、技术（T）、工程（E）和数学（M）教育，旨在通过跨学科的整合，为如今这个信息化时代培养综合素养高、创新能力强的复合型科技人才。这种教育和传统科学教育的区别在于，它没有明显的学习边界，通过向学生展示如何将科学的方法应用于日常生活，从而引导学生形成创新性思维，提高创新能力。近年来，STEM 教育在中国也吸引了许多家长的关注，一些中小学开始将其纳入日常学科教学，而以色列的 STEM 教育有不少值得借鉴之处。

以色列一向重视科学素养的培养。根据教育部的规定，科学技术是核心学科，包括了知识的教授和实践的结合，旨在促进学生对抽象的科学知识的理解，理解科技与生活之间的联系、科学技术给人类生活带来的影响。作为在基础教育阶段开设的必修课程，科学技术课贯穿了以色列的义务教育系统。小学就开设了一系列科学通识课程，中学开设的 STEM 课程更为广泛，包括生物、化学、物理等科学类课程；计算机科学、信息技术、工业化学、生物技术、计算机化制造等技术类课程；机械、电气等工程类课程；代数、几何、三角学、微积分等数学类课程。虽然穷举这些课程是不可能的，但从这些学科中就可以看出，科学正切切实实地影响着我们日常生活的每一个部分，这也正是进行 STEM 教育的重要性和紧迫性所在。

在上述课程中，科学类课程属于理论教育，技术和工程类课程则属于技术教育，而数学则是所有高中学生的必修课，也是高中毕业考的必考科目。但是，也不是以色列的所有学校都实行 STEM 教育，不同类型的学校中，STEM 教育的占比也不同，极端正统派的学校里不提供任何 STEM 教育。

目前，以色列绝大多数的 STEM 教育还是在高中或非官方教育机构中开展的。近年来，随着科技在以色列的经济、社会中发挥着越来越大的作用，政府也在尝试将 STEM 教育引入幼儿园。在海法市，这个高科技产业和文化的主要枢纽中，有一所学校的学前班在 2011 年就已经引入了 STEAM（科学、技术、工程、艺术和数学）课程，孩子们从两岁半就开始学习物理、数学、英语等科目，课程都由专业的老师来讲授，他们创新教育模式，做孩子们探索科学世界的引领者。

2015 年，以色列开办了第一家高科技幼儿园，这里有先进的计算机设备、丰富的机器人课程和有趣的"太空活动"。这家幼儿园位于贝尔谢巴，只有三个班，最多招收 100 名儿童。每一学年，孩子们都会上至少 300 个小时的科学课。这家幼儿园的目的是开发一门能够让 5 岁孩子了解科学基础知识的课程，这门课程要符合儿童的认知水平，不能过于艰涩，这样反而会消耗孩子们对科学的兴趣，所以，开发适合学龄前儿童的 STEM 课程也是一项挑战。但这也是可行的，比如说，可以利用乐高玩具来制造简单的机器人，孩子们能够通过这个方式来学习和理解机器人的搭建和操作原理。

以色列教育部部长纳夫塔利·贝内特（Naftali Bennett）在幼儿园的开园仪式上说，让幼儿园的儿童接触科学，是在为他们打开一扇窗户，让他们能够迎接无限的挑战，获得无穷的乐趣。这家高科技幼儿

纳夫塔利·贝内特在以色列第一家高科技幼儿园的开园仪式上① Sasson Tiram 摄

园的开办可以算作是一次冒险，但是贝内特和以色列公众都对它有信心，认为这将对以色列的未来产生非常积极的影响。②

2021 年，以色列科技部部长奥里特·法卡什·哈科恩（Orit Farkash-Hacohen）和教育部部长伊法特·莎莎·比顿（Yifat Shasha-Bitton）宣布，以色列将启动一项五年计划，开始在幼儿园向儿童教授与科技相关的课程，STEM 教育也会被引入幼儿园，鼓励儿童进行科学思考，为他们今后进入高科技工作领域做好准备。这个计划会先进行试点，然后再扩展到其他幼儿园。哈科恩部长说："我们的孩子将在很小的时候就熟悉计算机世界，因为它已经融入了我们的生活，并且影响着我们生活的方方面面。"

---

① 以色列时报：https://www.timesofisrael.com/。
② David Shamah, "Israel opens first-ever high-tech kindergarten," The Times of Israel, October 30, 2015, https://www.timesofisrael.com/israel-opens-first-ever-high-tech-kindergarten/.

可持续发展教育 ①

当今世界，全球环境治理正面临着前所未有之困难，践行绿色低碳、生态环保、可持续的发展模式，共同打造绿色宜居的家园，实现人类文明社会的可持续发展已是国际潮流所向、大势所趋、民生所系。作为可持续发展理念的重要内容，近年来，许多国家正在大力推进可持续发展教育，将可持续发展理念纳入课程、教科书及教育教学实践，引导孩童们思考并践行人与自然和谐共处、共创美好生活的理念，取得了明显的成效。

早在 1987 年，世界环境与发展委员会便发表《我们共同的未来》报告，首次提出了"可持续发展"的概念，也提出了教育促进可持续发展的价值思想，得到了国际社会的积极认可。1992 年，联合国环境与发展大会通过《二十一世纪议程》，再次提出"教育可以，而且必须促进新的全球可持续发展观"。21 世纪以来，全球可持续发展教育的步伐一直在推进。2000 年，在塞内加尔的达喀尔举办的世界教育论坛通过《达喀尔行动纲领》，纲领指出，教育是可持续发展和各国内部、各国之间和平与稳定的关键，因而也是有效参与正在经历迅速全球化的二十一世纪的社会和经济的必不可少的手段。因此，《达喀尔行动纲领》对参加论坛的各国提出倡议，共同承诺全面实现幼儿保育、全面提高教育质量、实现教育方面的男女平等等六项目标。2003 年，联合国教科文组织起草《可持续发展教育十年（2005—2014）计划》（以下简称《计划》），进一步深化了可持续发展教育的内涵，这项计划也成了国际社会推进可持续发展教育的指导性文件。《计划》指出，可持续发展教育是培养可持续发展价值观的教育，其核心是尊重：尊重所有人的尊严和权利，承诺对所有人的经济公正；尊重后代的权利，承诺代际间的责任；尊重人类的生存环境（尊重生物多样性，尊重和关心大社区生活的多样性），承诺保护与恢复地球生态系统；尊重文化多样性，承诺在地方和全球建设宽容、非暴力、和平的文化。许多

---

① https://www.gov.il/en/departments/topics/environmental_education/govil-landing-page.

发达国家也以此为纲，积极响应。2014 年，联合国教科文组织继续发布《全球可持续发展教育行动计划（2015—2019）》。2021 年 5 月，联合国教科文组织举行 21 世纪第三次世界可持续发展教育大会，会议最后通过了《可持续发展教育柏林宣言》《2030 年可持续发展教育路线图》《为我们的星球而学习》等报告文件，呼吁所有年龄段的人都要为可持续发展采取变革性行动，在尚未为时已晚之前塑造一个不同的未来。第 74 届联合国大会主席穆罕默德·班迪在接受采访时也说，教育是实现联合国 2030 年可持续发展议程的关键。[①]

目前，联合国教科文组织中已经有将近 40% 的成员国将可持续发展教育纳入了正规课程，以不同形式、不同主题践行着可持续发展教育理念。例如，芬兰改革了全国基础教育核心课程，强调了可持续的生活方式和认识生态社会的必要性；德国发布《可持续发展教育课程框架》，在中小学和职业培训的科目中都加入了可持续发展教育；加拿大的马尼托巴将可持续发展教育作为政府的优先行动领域，纳入幼儿园到十二年级的课程中。

2009 年，以色列教育部和环境保护部联合发起了一项计划，将可持续发展融入从学前教育到高中教育的体系之中。这项计划指导以色列学校的教育团队在校内围绕环境和可持续发展相关议题开展讨论，以灵活的教学方式对每一位孩子进行知识和技能教育，使他们在未来能够成长为积极参与、关心社会发展的有责任心的公民，并建立了一套由教育、社会、价值共同驱动的话语体系。

学校推动可持续发展教育的原则：

·教育团队需由一名敬业、尽心尽责的人来领导，并能够成为学生们的榜样。

·学校需致力于减少生态足迹并改变消费主义文化。

·开展与学校所在地社区相关的学习、体验与应用。

·优化学校氛围，创造互动关系，培养教师和学生、教师和家长对彼此的尊重。

---

① http://m.xinhuanet.com/2020-01/25/c_1125501733.htm.

· 学校需制订可持续发展工作计划，其中要包括本学年的教育愿景、活动、对标等内容。

· 课程需注重知识的扩展和体验式教学，培养学生的批判性思维，促使其养成研究性学习、主动解决环境问题的习惯。

· 学校需和当地社区保持良好的沟通合作，扩大影响圈，助推知识传播，努力实现可持续发展。

可持续发展课程中的主要教育主题：

· 符合可持续发展的行动。

· 减少污染和环境风险。

· 气候变化、空气污染、温室气体排放。

· 浪费和消耗。

· 替代能源。

· 以色列的水资源利用。

· 生物多样性和开放空间。

绿色学校建筑大赛（National Green Building Competition for Green Schools）

以色列环境保护部、教育部和绿色建筑委员会（ILGBC）联合赞助举办一年一度的绿色学校建筑大赛。所有参与可持续发展教育计划的"绿色小学"都可以参赛，展示各自校园空间中的绿色项目规划。这项比赛旨在鼓励绿色建筑领域的创新思维，让以色列学生能够有机会进入一所实施绿色建筑原则的学校，享有健康和高质量的学习环境。往年大赛获胜项目的亮点通常都集中在改善采光与通风条件、降低环境噪声、优化使用空间等方面。

在 2019 年，共有 33 所小学进入年度绿色学校建筑大赛的决赛。最终，5 名获胜者获得了 15 万新谢克尔（约等于人民币 30 万元）的绿色建筑项目资金。在比赛过程中，学校的师生员工充分运用自己的创造性思维，学习和体验了绿色建筑是如何从设计到成型的，这不仅改善了学校的基础设施和学习环境，同时也践行了学校在可持续发展和环境保护领域所提倡的教育理念。

国家清洁日（National Cleanup Day）

以色列在《清洁维护法》（Maintenance of Cleanliness Law）中将犹太历亚达月的最后一个星期二（大约在公历 3 月份；如果是闰年，那就在闰亚达月的最后一个星期二）设立为国家清洁日，旨在提高公众的环境保护意识，尤其是主动维护开放空间和公共区域环境的意识。每年的国家清洁日，以色列全国范围内的中小学都会开展为期一天的大扫除、远足等教育活动，来帮助孩子们增长环保知识，增强环保意识和社会责任感。

孩子们参加国家清洁日捡垃圾活动① 来源：iStock

---

① 以色列环保部：https://www.gov.il/en/departments/ministry_of_environmental_protection/govil-landing-page。

教育机构绿色认证

为了鼓励更多的教育机构及相关人员积极承担环境责任，以色列的环境保护部和教育部联合牵头，对教育机构进行绿色认证，环境因素是评估认证的核心。认证的过程主要由对三个部分的评估组成。首先是考察学校开设的环境教育课程，其次是学校组织的社区环保活动，最后则是评估对水资源、能源、废弃物等智能化利用的情况。通过绿色认证活动，孩子们将更加明白环境与经济、社会的发展是紧密联系、不可分割的，进而树立起孩子们对经济、社会、环境协同发展的全局观念。

"绿色"并不仅仅指对园区自然生态的保护和对相关设施的改造。在绿色幼儿园里，老师们会鼓励孩子多多观察身边的环境，师生一起进行思考和讨论，在这个过程中会出现很多孩子们平常意想不到的问

由孩子们创作的环保主题海报——"改变的力量在我们手中"①

---

① 以色列环保部：https://www.gov.il/en/departments/ministry_of_environmental_protection/govil-landing-page。

以色列环保部官方为保护海滩发布的宣传页 ①

题，进一步培养孩子们与大自然和生活环境互相尊重的价值观。同时通过家校协同，让孩子们在老师和家长的带领下，养成使用再生纸、节约水电等保护环境的行为习惯，并尝试用自己的视角和理解去解决各种环境问题，比如如何减少空气污染、如何关爱小动物、如何保护生物多样性等。截至 2019 年，以色列全国共有 403 所幼儿园通过了绿色认证。

以色列环境保护部发布的保护海滩主题教育活动指南，作为开展主题教育活动的一则示例和指导。在这样一场保护海滩主题教育活动中，孩子们会先各自寻找和发现海滩上有些什么东西，并把他们的发现与其他孩子分享，还会由发现的物件联想其中的故事。在老师的引导下，孩子们会一起讨论，他们发现的物件是否属于大海、它们从何

---

① 以色列环保部：https://www.gov.il/en/departments/ministry_of_environmental_protection/govil-landing-page。

位于耶路撒冷的绿色学校一角①

而来。如果孩子们发现的是海滩上的塑料袋，那老师就可以向孩子们
讲述和展示塑料袋一旦流入海洋会对海洋生物造成什么样的危害，并
且追问这些垃圾是怎么流入大海的。主题教育活动就在这样开放的环
境中展开，老师们用生动形象又贴近自然的方式来给孩子们传达保护
环境的理念。

　　绿色中小学学校认证也遵循着类似的管理模式，这些学校需要实
施可持续发展的生活方式，减少校内垃圾产量和水电开支，增强学生
们的环保意识，促使学生养成环保的行为习惯，并和周边的社区保持
友好沟通合作，形成具有鲜明学校特色的环保品牌活动。通过认证的
学校将会获得以色列教育部的财政支持，以进一步改善校内基础设施，
为老师们提供可持续发展理念方面的培训。

① 以色列环保部：https://www.gov.il/en/departments/ministry_of_environmental_protection/
govil-landing-page。

　　多年持续开展绿色活动的学校还能够获得永久的绿色认证，获得"常青学校"（evergreen school）的称号，这也是认证层次中的高级阶段，比如以色列中部城市吉夫阿塔伊姆（Giv'atayim）的本－古里安学校就是一所常青学校。

　　总之，以色列的可持续发展教育是一种带着警惕心态的文化价值观教育，它的目的是让孩子们客观认识和理解人类社会的生态和社会空间，认识到虽然我们每个人只是渺小的个体，会被人类社会所影响，但同时，我们做出的每一个选择也在影响着人类社会。可持续性教育同时也是一种能对社会文化产生变革性作用的政治公民教育，能够培养孩子尊重知识、民主参与的积极性，增强在不断变化的全球环境中的适应能力，锻炼对现实的批判性思维。

以色列基础教育的特点与启示

经过几十年的教育实践，当前的以色列基于具体国情，建立起一整套完备的教育体系，既吸收了全世界先进的教育理念，也包含了独特的民族文化烙印。总的来说，有以下几大特点：

第一，中央政府领导与地方自主管理相结合。以色列教育部统管全国的学校教育，负责制定全国各学段的教育大纲与标准、颁布教育政策、分配教育资金、培训和监督教学人员，而各地教育系统的行政管理和经费则是由以色列教育部与地方政府共同分担的，地方政府拥有对教学人员和教学设备的管理权，在接受国家拨款的前提下承担对教师的聘用、对教学设备的维护和购买、对校舍的修缮等工作。同时，在以色列国内也遍布着由地方团体和民间组织建立的私立学校，以满足不同群体的需要。这成为以色列普及基础教育、调动全民兴办教育积极性的主要形式之一。①

第二，统一的教育大纲与多样化的教育内容形式相结合。以色列现行的教育体系是与以色列社会的复杂性和多元性局面相适应的，针对家长和孩童的不同需求，以色列主要有四种不同的学校类型。近年来，随着教育理念的不断分化和更新，一些新型学校开始出现。而学

---

① 张倩红：《论以色列教育的特点》，《西北大学学报（哲学社会科学版）》2000年第1期，第155页。

生上哪一种学校，是由各自家庭决定的。教育部对各学段制定了统一的教学大纲，但同时也提供了多种可选择的课程和教材，各个学校可以结合本地、本校的实际情况来设置课程，选择适合学生的教学方法，以满足不同资质学生的需求。学校以灵活的教学形式教授科学、艺术、自然、文学等内容，注重培养学生独立的思维能力和创造能力，培养学生的犹太价值观和爱国主义精神，致力于让学校教育成为增强"新以色列人"凝聚力的重要来源。

第三，学校教育与社会教育、家庭教育相结合。以色列较为注重家庭教育和社会教育的突出作用。学校并不是开展基础教育的唯一场所，学校会组织学生到工厂、博物馆、艺术馆等社会公共场所参观、实践，指导学生参与实践性较强的实用课程，培养学生的动手、观察等各方面能力，为学生顺利融入社会发展创造了条件。此外，教养孩童是父母的责任，家庭教育是犹太民族最基本、最稳固的教育实践，以学习经典和基本生活技能为主，目的是让孩子在今后能够独立生活和思考，促进孩子全身心发展。

重视教育的传统是以色列的宝贵遗产，也是以色列未来的关键。但同时，现行的教育体系也面临着许多挑战，如何让来自不同国家、拥有不同文化信仰背景的孩童融入以色列社会，并成为这个社会中有责任心的一员，这是以色列教育体系发展的方向，也是难题。但从整体上看，以色列的基础教育体系是具有科学性的，它所取得的成果也是有目共睹的，不仅在建国初期为以色列保持社会繁荣稳定、在复杂的生存环境中求得生存做出了重要贡献，更为以色列的经济发展提供了高质量的劳动力，促进了以色列科技发展和产业结构的更新升级，成为推动经济现代化的持久动力，其成功经验值得我们关注、研究和借鉴。

尤其值得我们关注的是，以色列在注重科技文化教育的同时也注重对传统文化的教育，这对我国的教育发展是有益的启发。犹太民族的传统经典和历史文化中包含着许多对民族传统和人文命题的论题，通过对经典的学习，以色列孩童树立了自己的犹太价值观，提升了自身的道德修养，从而促进了社会的和谐发展与国民整体素质的提升。

中国历史悠久，中华文明源远流长，也有非常多优秀传统文化和经典值得学习。2019 年，中国发布了首部《中小学传统文化教育指导标准》，它融合了传统文化教育内容、实施路径和现代教育、中小学生年龄特点，为今后中小学传统文化教育的开展提供了科学的、成体系的、建设性的方案。在这方面，我们还大有可为。

当然，不同国家国情有别，各自的思维方式也会带来不同的结果，在很多问题上并没有优劣之分。本书体量有限，只是尽量描摹出以色列教育体系的图景，期待能为读者带来一定的启发。

参考文献

（一）专著

[1] 陈腾华：《为了一个民族的中兴——以色列教育概览》，上海：华东师范大学出版社，2005 年。

[2] 邱兴：《以色列教育》，北京：中国文史出版社，2004 年。

[3] 肖宪、张宝昆：《教育立足的民族和国家——犹太人和以色列》，昆明：云南大学出版社，2005 年。

[4] 徐新：《犹太文化史（第二版）》，北京：北京大学出版社，2011 年。

[5] 徐新、凌继尧：《犹太百科全书》，上海：上海人民出版社，1993 年。

[6] 亚伯拉罕·柯恩：《大众塔木德》，盖逊译，傅有德校，济南：山东大学出版社，1998 年。

[7] 张德龄、林琮盛：《教孩子，别人抢不走的优势》，台北：远见杂志，2014 年。

[8] 张倩红：《以色列史》，北京：人民出版社，2014 年。

[9] 张倩红、张少华：《犹太人千年史》，北京：北京大学出版社，2016 年。

[10] Yehuda Bar Shalom, *Educating Israel: Educational Entrepreneurship in Israel's Multicultural Society*, New York: Palgrave Macmillan,

2006.（中文版：耶胡达·巴-沙洛姆：《以色列教育：多元文化社会中的教育创业》，施歆文、鲜非霏译，南京：南京大学出版社，2024年。）

（二）期刊论文

[1] 陈雄飞、曾文婕：《从教育立国到教育强国：以色列教育赋能国家发展路径探索》，《基础教育参考》2023年第9期，第63—70页。

[2] 胡茹萍：《以色列教育初探》，《台湾国际研究季刊》2012年第2期，第149—172页。

[3] 李芳洲、姚大学：《以色列教育发展与现代化》，《西亚非洲》2007年第12期，第31—37页。

[4] 李玉芳：《以色列中小学教育制度及启示》，《外国中小学教育》2007年第10期，第21—23页，第33页。

[5] 柳文佳：《以色列阿拉伯公民的教育发展：成就与挑战》，《阿拉伯研究论丛》2021年第2期，第79—92页。

[6] 孟茹玉、韩丽颖：《以色列价值观教育的历史与实践》，《思想教育研究》2019年第5期，第139—143页。

[7] 生堡钧：《以色列阿拉伯学校义务教育阶段希伯来语教学研究》，《以色列研究》（第2辑），2021年，第46—63页。

[8] 王晨霏、高地：《以色列中小学道德教育的多轨模式与整体性建构》，《比较教育学报》2021年第2期，第91—105页。

[9] 肖宪：《以色列对国内阿拉伯人的政策及其成因》，《西亚非洲》2024年第1期，第76—101页。

[10] Shlomit Rachmel, "Issues in educationg gifted students in Israel," *Gifted Education International*, vol.20, no.2 (October 2005), pp. 123-124.

（三）学位论文

[1] 葛淑珍：《论英国委任统治时期巴勒斯坦"伊休夫"的发展》，
河南大学硕士学位论文，2008 年。

[2] 何艳娜：《诺贝尔科学奖中的"犹太现象"研究》，郑州大学
硕士学位论文，2011 年。

[3] 黄璐：《浅析"熔炉政策"对以色列初等教育发展的影响》，
南京大学硕士学位论文，2015 年。

[4] 李迪：《英国在巴勒斯坦的委任统治研究》，陕西师范大学硕
士学位论文，2021 年。

[5] 王筱筱：《以色列内格夫贝都因人教育的现代转型》，河南大
学硕士学位论文，2021 年。

[6] 吴若楠：《以色列学前教育研究》，西北大学硕士学位论文，
2018 年。

[7] 相征：《关于以色列纳粹大屠杀教育的研究》，上海社会科学
院硕士学位论文，2007 年。

[8] 闫胜男：《以色列哈瑞迪派教育体系研究》，南京大学硕士学
位论文，2018 年。

（四）网络资源

[1] 经合组织《2023 年教育概览》：https://www.oecd-ilibrary.org/
docserver/e13bef63-en.pdf?expires=1707372872&id=id&accname=
guest&checksum=7FDC0921BF33541E0EE0DEE73183454F。

[2] 以色列环保部：https://www.gov.il/en/departments/ministry_of_
environmental_protection/govil-landing-page。

[3] 以色列教育部：https://www.gov.il/he/departments/ministry_of_
education/govil-landing-page。

[4] 以色列中央统计局：https://www.gov.il/en/departments/central_bureau_
of_statistics/govil-landing-page。

中以交往一枝春

2022 年 1 月 24 日是中国和以色列建立大使级外交关系的 30 周年纪念日。在过去的 30 年，中以关系已经发生了翻天覆地的变化，两国交往经历了前所未有的发展阶段。不仅如此，早在 2017 年，中以就正式为两国关系定位，确立了"创新全面伙伴关系"，以创新为抓手，推进两国关系稳步向前发展。沉浸在喜悦之中的我，思绪禁不住回到建交之前的 1988 年。

那年的 6 月 22 日，当美联航从芝加哥直飞以色列的航班在本 - 古里安机场降落时，我即刻意识到自己的一个梦想成真了。与此同时，自己也在不经意间创造了一项无人可以打破的中以交往史记录：成为中国与以色列正式建立大使级外交关系之前第一位应邀访问以色列并即将在希伯来大学公开发表学术演讲的中国学者。当时的激动心情至今难忘，尽管在那以后我又先后十余次造访以色列，每次访问都有不小的收获，但 1988 年的访问毕竟是我第一次踏上以色列国土，第一次来到中东地区，第一次走到了亚洲的最西端，第一次如此近距离贴近以色列社会。

为什么得以在彼时造访以色列？如何在中以没有任何正式外交关系的情况下获得访问以色列的签证？我眼中看到的以色列是一个什么样子？此行对我的学术生涯会造成什么样的影响？

　　坦率地讲，希望有机会访问以色列的想法与我此前两年在美国的经历有着密切的关联。

　　我第一次走出国门是 1986 年夏，那是我在南京大学工作的第 10 个年头。与彼时绝大多数出国人员不同的是，我去美国并不是留学，而是到美国的大学（芝加哥州立大学）执教。在机场，我受到芝加哥州立大学英文系主任弗兰德教授（Professor James Friend）的亲自迎接。在驱车进城的路上，他热情地告诉我他和他的夫人决定邀请我住到他的家中，希望我能够接受他们的这一邀请。这当然是一件喜出望外的事，尽管我在之前与他的通信中（当时由于尚未有互联网，人们之间的联系主要依靠书信。而一封信件的来回大约需要一个月到一个半月）提及希望他能够帮助我在学校附近租一个房子，因为芝加哥州立大学在决定聘用我的信中明确表示学校不提供住处，必须自行解决住房问题。

　　弗兰德教授是犹太人，1985 年秋，根据南大－芝州大友好学校交流协议曾来南大英文系任教。当时我是南大英文专业的副主任，除了行政方面的工作，还负责分管在英文专业任教外国专家的工作，因此与弗兰德教授有较为密切的接触，结下了深厚的友谊。实际上，我收到去芝州大教书的邀请就得益于他的推荐。他的夫人也是一位在大学教书的犹太人。他们的两个女儿当时已大学毕业离开了家，家中有空出的房间供我使用。能够住在他家中，显然为我这个初来乍到的人在美国生活开启了一个良好的开端，我没有丝毫犹豫就欣然接受。事实证明，由于是与一位熟悉的人生活在一起，我非常顺利地开始了在一个陌生国度的生活，没有经历绝大多数人都不可避免会在开始阶段感受到的文化冲击（culture shock）。我不用准备任何生活用品和油盐酱醋方面的物品，早晚餐和他们一起用，而且到学校教书，来回都搭弗兰德教授的便车（当然我当时尚不会驾车）。更为重要的是，生活在弗兰德的家中，不仅让我感受到的温馨，认识和熟悉了他们的所有亲朋好友，而且与当地犹太社区有了广泛的接触。现在回忆起来，和他们生活在一起，简直就是以前所未有的方式"沉浸"在犹太式的生活之中，为我提供了一个了解犹太人和体验犹太式生活不可多得的绝佳机会。

在与犹太人交往的过程中，我对以色列这个世界上唯一的犹太国家开始有了新的认识：以色列不再只是依附于世界头号强国、不断引发周边冲突的暴力形象，而是一个为所有国民提供归属感的崭新国家。在那里，犹太民族成为主权民族，其传统不仅得到了很好的传承，而且不断发扬光大。我逐渐了解到古老的希伯来语早已在那里得到复活，成为以色列社会的日常用语，使用现代希伯来文进行文学创作的阿格农早在 1966 年便获得诺贝尔文学奖；基布兹作为以色列实行按需分配原则的农业形态一直生机勃勃，吸引了世界的目光。更重要的是，以色列被视为是世界上所有犹太人的共同家园。

新的认识使得我有了希望能够去看一看的想法。或许是那两年与众多犹太人有过频繁交往，或许是我在犹太社区做过一系列讲座的缘故，熟识的犹太朋友主动为实现我的这一愿望牵线搭桥——终于，在我决定回国履职之际，我收到以色列著名高等学府希伯来大学和以外交部的共同邀请，邀我对以色列进行学术访问。邀请方对我提出的唯一要求是希望我能够在希伯来大学做一场学术演讲，题目由本人决定。

根据安排，我有十天的访问时间。到达以色列时，我荣幸地受到以色列外交部的礼遇。中以建交后担任以色列驻华大使馆政治参赞的鲁思（Ruth）到机场接机，并陪同前往耶路撒冷的下榻饭店。具体负责我在以访问活动的是希伯来大学杜鲁门研究院院长希罗尼教授（Professor Ben-Ami Shillony）。次日上午，希罗尼教授如约来到饭店，与我见面。寒暄后，他递上了一份准备好的详细访问日程，并表示我有什么要求可以随时提出。

访问从驱车前往希伯来大学开始。在那里，我们除了参观了解希伯来大学，还重点参观了解了杜鲁门研究院，并参加了当日下午在杜鲁门研究院举行的研究院新翼图书馆落成揭幕式。由于新翼图书馆是美国人捐款建设起来的，美国驻以色列大使一行专程前来参加揭幕式。主宾的衣着令我印象深刻：以方的出席人员个个着西装领带，而美方人士则个个着休闲便装。而我事先了解到的以色列着装习俗应该是这样的：以色列人以随意著称，很少着西装打领带。可今天，出于对嘉宾的尊重，以方人员个个着西装打领带出席；而通常以正装出席揭幕式这类正式活动的美国人，为了表示对以色列人的尊重，特意着便装出席。彼此都为对方着想，表明两国不同寻常的亲密关系。

在接下来的参访中，几乎每一项活动都令我思绪万千，对我日后的学术研究产生重要影响。譬如，在参观了大屠杀纪念馆后，我在接受《耶路撒冷邮报》的采访时，说了这样的话：现在我终于明白犹太人为什么一定要复国。《耶路撒冷邮报》第二天报道了这一采访。对反犹主义的研究从此成为我学术研究的一个主攻方向。我不仅出版了《反犹主义解析》和《反犹主义：历史与现状》等专著，发表若干论文，而且在国内大力推动"纳粹屠犹教育"，并作为中国代表出席联合国教科文组织在巴黎召开的"纳粹屠犹教育"国际会议。

在参观了"大流散博物馆"后，我对犹太人长达 1800 年的流散生活有了更直观的了解，感叹犹太传统在保持犹太民族散而不亡一事上发挥的作用。而博物馆中陈列的"开封犹太会堂"模型和专门为我打印的开封犹太人情况介绍促使我在回国后专程去开封调研，并把犹太人在华散居作为自己的另一个研究方向，其成果是两部英文著作和数十篇相关论文。

穿行在耶路撒冷的老城，我体验到了什么是传统和神圣；行走在特拉维夫，我感受到以色列现代生活的美妙和多姿多彩；在北部加利利地区的考察，令我切切实实地感受到以色列历史的厚重；而在南部内盖夫地区的参观，让我真真切切体验到旷野的粗犷；在马萨达的凭吊，令我感受到什么是悲壮；而在海法的游览，则使我体验到什么是赏心悦目；在基布兹的访问，令我这个曾经在农村人民公社劳动和生活过的人感慨万千——犹太人在农业上的创新做法和务实态度令我不停地发出种种追问，我被基布兹的独特性深深吸引，好奇心使我提出再参观一个基布兹的要求，并得到了满足。

由于我在南京大学最初的 10 年主要是从事美国犹太文学的研究，在访问期间，我提出希望能够会见以色列文学方面人士的要求，于是我便拜访了以色列文化部，并结识了文化部下属以色列希伯来文学翻译学院负责人科亨女士（Nilli Cohen）。科亨女士是学院负责在全球推广希伯来文学翻译的协调人，我与她建立了工作关系，并一直保持通讯联系。此外，我们还有幸拜会和结识了特拉维夫大学希伯来文学资深教授戈夫林（Nurit Govrin），在向她请教若干关涉现代希伯来文学的问题后，还请她推荐了一些作家和作品。由此，本人对现代希伯来文学的兴趣大增，在随后不到10年的时间内，经本人介绍给国内出版界的以色列当代作家多达50余位。1994年，我因译介现代希伯来文学再度受邀出访以色列。在出席以色列举办的"第一届现代希伯来文学翻译国际会议"之际，以色列作家协会为出席会议的中国学者专门举行了欢迎酒会，使我终于有了一个与绝大多数译介过的作家见面的机会。

我必须承认，在初次以色列之行中最触动我心灵的经历是与以色列一系列汉学家的见面交流。老实说，会见以色列汉学家并非出于本人要求，而是以色列接待方的精心安排，因为当时的我压根就不知道，也没有想到，以色列会有汉学家。以色列接待方根据我的身份——一个对犹太文化感兴趣的中国学者，认为安排我会见以色列的汉学家是一项有意义的活动。根据安排，我在特拉维夫大学会见了谢艾伦教授（Professor Aron Shai），他是一位史学家，专攻中国近现代史。我专门旁听了他的中国史课，并与学生进行了简单的交流。谢艾伦后来出任特拉维夫大学的教务长（相当于常务副校长）一职，不仅到南京大学访问过，还热情接待过由我陪同访问的南京大学校长代表团。我在特拉维夫大学会见的还有欧永福教授（Professor Yoav Ariel），他是研究中国古典文化的学者，将中国经典《道德经》译成希伯来文。在希伯来大学，我结识的汉学家有研究中国政治和外交的希侯教授（Professor Yitzhak Shichor），研究中国文化的伊爱莲教授（Professor Irene Eber）。此后我与伊爱莲教授多次在国际场合见面交流，友谊长存（伊爱莲教授于2019年与世长辞）。后来（1993年），在拜会以色列前总理沙米尔时，沙米尔在了解到我当时正在学习希伯来语后，告诉我以色列政府在50年代初就安排了一位名叫苏赋特（Zev Sufott）的以色列青年学习中文。尽管在随后的30年他一直学非所用，但是当1992年中以终于建交后，苏赋特出任以色列第一位驻华特命全权大使。

这一系列的会见使我惊叹不已。以色列这么一个小国（当时的人口尚不足 500 万），竟然有多位专门研究中国历史、文学、社会、政治、外交等方面的专家教授，其中有的还享有国际声誉。而就我所知，当时偌大的中国（人口是以色列的近 240 倍），却鲜有专事研究犹太文化者，中国高校亦无人从事犹太文学的教学！这一反差对我的冲击实在是太大了。作为一个在美国有两年时间"沉浸"在犹太文化中的人，出于一种使命感，我在以色列就发誓回去后一定投入对包括以色列在内的犹太文化研究。

回国后，我义无反顾投身于犹太学研究，确立了自己新的研究方向、开启一个全新治学领域，同时在南京大学创办了犹太和以色列研究所，组织编撰了中文版《犹太百科全书》，率先向国内学界介绍引入现代希伯来文学，建起了一座英文书籍超过三万册的犹太文化图书特藏馆，召开了包括"纳粹屠犹和南京大屠杀国际研讨会"与"犹太人在华散居国际研讨会"在内的大型国际会议，培养了 30 多名以犹太学为研究方向的硕士生和博士生……进而勾勒出了中国犹太 / 以色列研究的概貌。

回望过往，发生的一切显然过于神奇，只能用"奇迹"来描述。

而这一切源于 1988 年以色列的处女之旅。从此，以色列对于我而言，是一个令奇迹发生的国度。

徐新
2022 年岁首

南京大学黛安／杰尔福特·格来泽犹太和以色列研究所简介

　　1992 年，借中国和以色列国正式建立大使级外交关系之东风，南京大学批准成立一专事犹太文化研究兼顾教学的学术研究机构——南京大学犹太文化研究所。不过，在这之前，南京大学就已经开始对犹太文化进行研究，主要由南京大学学者牵头的学术团体"中国犹太文化研究会"（China Judaic Studies Association）于 1989 年 4 月宣告成立，并卓有成效地开展工作。随着犹太文化研究的深入，搭建一个平台（即建立研究所）显得十分重要，而这样的研究机构的出现在中国高等教育系统尚属首次。研究所正式成立的时间为 1992 年 5 月，最初名为"南京大学犹太文化研究中心"，2001 年更名为"南京大学犹太文化研究所"。2006 年，为感谢有关基金会和个人的支持，特别是设在美国洛杉矶的黛安／杰尔福特·格来泽基金会的慷慨支持，研究所于是改名为"黛安／杰尔福特·格来泽犹太和以色列研究所"，该名称沿用至今。

　　研究所建立之初确立的宗旨是：更好地增进中犹双方的友谊，满足中国学术界日益增长的对犹太民族和文化了解的需求，推动犹太文化的研究和教学在国内特别是在高校系统的进一步开展，培养这一学术领域的专门人才，以此服务于中国当时方兴未艾的改革开放事业，推动中国与世界的进一步融合。"不了解犹太，就不了解世界"是研究所当时提出的口号，该口号简洁明了地表明这一研究机构成立的动因。

　　研究所在其 30 年的历史中成绩斐然，包括：

　　● 组织撰写并出版首部中文版《犹太百科全书》（上海人民出版社，1993 年），该书成为中国最具权威和广泛使用的一本关涉犹太文化的大型工具书（200 余万字，1995 年获"全国最佳工具书奖"）；撰写并出版包括《犹太文化史》（北京大学出版社，2006 年）、《反犹主义：历史与现状》（人民出版社，2015 年）在内的著作 10 余部；组织翻译并出版犹太文化方面的著作 20 余种；编辑出版"南京大学犹太文化研究所文丛"一套；同时发表各类论文超过 100 篇。

　　● 在南京大学逐步开设一系列犹太文化方面的课程，不仅有专门为本科生开设的课程，更多的是为研究生开设的课程。

　　● 招收和指导犹太历史、文化和犹太教研究方向的硕士研究生和博士研究生。已有 30 多名研究生在研究所学习，从本研究所获得博士学位的研究生超过 15 人，大多数学生毕业后在中国各大学执教，讲授犹太历史文化方面的课程。

　　● 组织举办大型国际学术研讨会，促进中外学者之间的交流和研讨，包括 1996 年在南京大学召开的"第一届犹太文化国际研讨会"、2002 年召开的"犹太人在华散居国际会议"、2004 年召开的"犹太教与社会国际研讨会"、2005 年召开的"纳粹屠犹和南京大屠杀国际研讨会"，以及 2011 年召开的"一神思想及后现代思潮研究国际研讨会"。

　　● 举办犹太历史文化暑期培训班 3 期，聘请国际犹太学学者授课，受训的中国各高校和研究机构的教师、研究人员和研究生达 100 人，有力促进了犹太文化教学和研究在国内高校的开展。

　　● 开展国际合作，先后举办各种类型的犹太文化展近 10 次，内容涉及犹太历史、犹太文化、以色列社会、美国犹太社团、犹太学研究、纳粹屠犹、犹太名人等，促进了中国社会对犹太历史文化的了解，增进了中犹人民间的友谊。

● 邀请超过 50 位国际著名犹太学者来华、来校进行交流、讲学，演讲场次超 100 场。

● 大力开展对犹太人在华散居史的专门研究，特别是对中国开封犹太人的研究。已发表专著 2 部（英文、美国出版）、论文数十篇，在国际学术界能够代表中国学者在这一研究领域的水平。

● 建立起中国迄今为止规模最大的犹太文化专门图书馆，仅英文藏书就已超过 3 万册，涉及犹太文化研究的方方面面。

● 与若干国际学术机构建立联系或互访，包括美国哈佛大学犹太研究中心、耶希瓦大学、希伯来联合学院、宾夕法尼亚大学、加州大学、布朗大学、以色列希伯来大学、特拉维夫大学、巴尔伊兰大学、本－古里安大学、英国伦敦犹太文化教育中心等。

● 积极筹措资金，为犹太文化研究和教学的开展提供经费支持。除了众多个人捐助，还有许多给予研究所各种研究和教学资助的国际基金会，包括：黛安／杰尔福特·格来泽基金会、斯格堡基金会、罗斯柴尔德家庭基金会、布劳夫曼基金会、列陶基金会、犹太文化纪念基金会、博曼基金会、卡明斯基金会、散居领袖基金会等。10 余年运作下来，本研究所的规模不断扩大，收益稳定，每年的收益已经能够确保每年发放奖学金数十份、奖励犹太文化研究领域的师生多名，并为各类学术活动提供经费支持。

需要特别指出的是，积极参加国际学术活动和开展国际学术交流会是南京大学犹太文化研究所学术活动的重要特点。在将国际犹太学者"请进来"的同时，研究所的教师也已大步地"走出去"。研究所的研究人员多次外出访问，特别是美国、以色列、德国、英国、加拿大等国，或在国际会议中宣读论文、交流学术，或担任客座教授讲学授课。据不完全统计，本所研究人员在若干国家发表过的学术演讲已达 700 余场次。此外，研究所每年都会选派研究生前往以色列有关大学进修或从事专题研究。通过这类学术活动，研究所与世界范围内的犹太学术界、犹太人机构及犹太社区建立了广泛而密切的联系，在扩大影响的同时，又推动了研究所各项工作的开展。

南京大学犹太文化研究所因其在犹太和以色列研究领域中取得的成就，已成为中国高校中最早对犹太文化进行系统研究并取得丰硕成果，同时又具有较高国际知名度的一所文科研究机构。